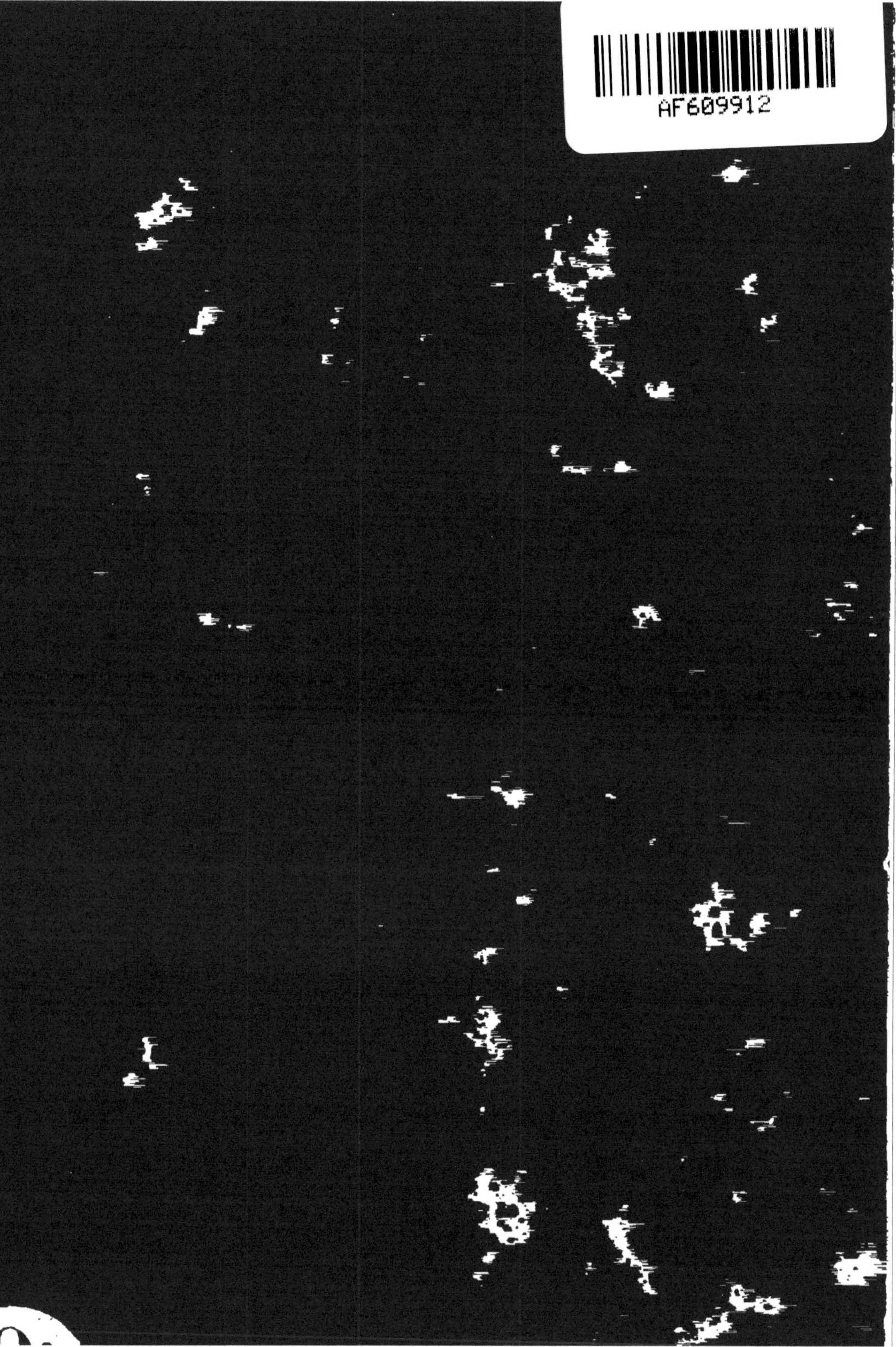

REPRÉSENTATION

ADRESSÉE AU

MINISTÈRE ESPAGNOL.

REPRÉSENTATION

ADRESSÉE AU

MINISTÈRE ESPAGNOL,

PAR

DON V. BERTRAN DE LIS.

PARIS.

IMPRIMERIE DE AUGUSTE MIE,

RUE JOQUELET, N° 9.

1831.

« Les révolutions ne cessent d'être possibles qu'à une seule époque, « c'est quand les masses sentent qu'elles ont autant de bien-être qu'elles « en peuvent avoir. »

Courrier Français, du 22 août 1830.

AVERTISSEMENT.

Contribuer à faire arriver ma patrie au comble de la prospérité et du bien-être, en la préservant des malheurs qui accompagnent toujours les révolutions faites par la force, quand celle-ci n'est pas assez puissante pour arrêter la violence des partis, tel a été l'objet de tous mes efforts.

La richesse, fille du travail et du talent, conduit les peuples par un progrès naturel et facile au bienfait de la liberté. Lorsque tous les intérêts qu'elle engendre trouvent dans le règne des lois un abri contre l'arbitraire, les lumières publiques qui naissent du développement de toutes les facultés des peuples, réclament et obtiennent sans secousse que toutes ces lois soient réunies en un seul faisceau. Alors on arrive à une constitution sanctionnée d'avance par les mœurs, et dont la stabilité est la garantie la plus certaine pour les personnes et pour les propriétés.

J'ai toujours fait en sorte de faire entendre mes voeux de tous les gouvernemens qui se sont succédé en Espagne jusqu'à ce jour. Quand le pays était régi par une constitution, mon but était de la consolider, en augmentant le nombre de ses défenseurs, à l'aide des bienfaits que le peuple avait à attendre des lois ; et lorsque le despotisme s'est assis sur le trône, mes efforts tendaient à ce que la nation, par l'amélioration de sa condition physique, arrivât à être un jour assez puissante pour qu'on ne pût plus lui contester le libre exercice de toutes ses facultés.

Les gouvernemens, en tyrannisant les peuples, en méprisant leurs plaintes qui pourtant les avertissent mieux que toute autre chose de la fausse route où ils marchent, en maintenant les masses dans l'ignorance et la pauvreté, alliées naturelles du despotisme, mettent dans les mains de ceux qu'ils oppriment l'arme de l'insurrection, et justifient par leur conduite, celle des citoyens courageux qui réclament avec force la réparation de tant d'infortunes.

Les violences que le gouvernement espagnol exerce contre les patriotes, depuis les premières démonstrations de la nation pour secouer le joug du despotisme, ont exalté mes sentimens et m'ont porté à adresser cet écrit au ministère ; et réfléchissant en même-temps qu'il pourrait être utile de le livrer à la publicité, je m'y suis déterminé, en l'accompagnant de notes nécessaires à l'intelligence de quelques passages.

Signaler les rigueurs que le gouvernement fait injustement subir aux patriotes, et la générosité de ceux-ci envers leurs ennemis ; présenter le parti libéral sous son véritable jour et détruire ainsi les perfides calomnies dont il a été l'objet soit au dedans, soit au dehors de l'Espagne ; justifier, s'il m'est permis de supposer pour un instant une justification nécessaire, les entreprises tentées par les émigrés dans le but de rendre la liberté à leur patrie; indiquer les causes réelles qui rendent impossible en Espagne le gouvernement absolu, afin de le mettre encore plus en butte aux attaques de tous les bons citoyens quelles que soient les nuances d'opinion qui les distinguent ; persuader aux étrangers, ses créanciers, qu'ils ne doivent point venir au secours d'un gouvernement qui a trompé leur attente, mais qu'il est de leur intérêt d'aider les libéraux, dont le triomphe assurerait l'exécution des engagemens contractés avec eux ; enfin, appeler l'attention du roi sur sa position délicate, afin qu'il adopte le système de gouvernement qui me parait le plus propre à l'en retirer, ou que, dans le cas contraire, il légitime par son refus toutes les mesures que la nation croira devoir prendre le jour où elle aura reconquis ses droits ; voilà le but que je me suis proposé en commençant cet écrit.

Quand même mes antécédens ne m'obligeraient point, envers la personne du roi, au respect dont ma plume ne s'est pas un instant écartée, les proclamations et autres actes publics et privés de mes compagnons d'infortune m'eussent retenu dans les bornes que m'imposent à cet égard la raison et l'intérêt public; car c'est ainsi, il n'en faut pas douter, que les Espagnols contre lesquels s'exercent plus directement les persécutions ministérielles, s'en verront plus tôt et plus facilement délivrés. D'ailleurs je ne croirais pas pouvoir remplir autrement mes devoirs de citoyen dont le titre, en même temps qu'il me donne le droit d'exposer tout ce que dans ma conscience je crois avantageux à ma patrie, ne me laisse pas la faculté de lui imposer des conditions qu'il n'appartient qu'à elle seule de déterminer par l'organe de ses légitimes mandataires.

Si tout ce que je dis dans cet écrit ne remplit pas complètement mon but, j'espère que la discussion qu'il pourra faire naître y suppléera, et que nous obtiendrons enfin que la nation appréciant, comme elle le doit, ses véritables intérêts, ne les sacrifie point à ceux des individus ou des partis, dans la crise qui se prépare, et qu'elle évite de devenir victime de ses sentimens généreux, comme elle l'a été d'autres fois.

MONSEIGNEUR,

L'homme, indépendamment des obligations auxquelles les lois de la société le soumettent, en contracte encore de nouvelles en raison des témoignages particuliers de considération qu'il reçoit de ses concitoyens. Je sentis toute l'étendue de celles qui me furent imposées le jour où, de simple particulier, le peuple de Valence me fit l'honneur de me nommer membre de la Junte qui exerçait dans cette province la souveraine autorité. Je sais aussi ce que me prescrivent les marques flatteuses d'estime que j'ai reçues depuis de S. M.; et je n'ai point oublié les engagemens que je contractai, lorsque le peuple de Madrid m'honora de sa confiance en me nommant son alcalde constitutionnel.

Pénétré du sentiment de ces devoirs, j'ai fait tout ce qui a dépendu de ma volonté pour servir la Patrie et le roi, dans les divers temps d'épreuves qu'il leur a fallu traverser, ne reculant jamais devant aucun danger, devant aucun sacrifice; et aujourd'hui, fidèle à ces principes, je crois qu'il est de ma conscience de signaler à V. Exc. l'injustice avec laquelle le ministère actuel traite les Espagnols qui n'ont commis d'autre crime que celui de désirer le bien de leur Patrie, l'abus qu'il fait de la confiance du prince, les bouleversemens et les calamités que sa conduite prépare à la nation, et l'abîme vers lequel on précipite le roi, si l'on ne se hâte d'adopter des mesures capables de prévenir de si grands malheurs.

L'on ne peut voir sans une douleur profonde avec quelle perfidie l'on prodigue aux libéraux espagnols la calomnie et l'outrage, avec quelle obstination l'on méconnaît l'origine de leurs opinions, et avec quelle facilité l'on oublie les sentimens généreux qui s'y rattachent.

Les principes libéraux furent proclamés et prirent de la consistance parmi le peuple espagnol, dès l'an 1810, lorsqu'au milieu du découragement général produit par les victoires rapides des armées françaises et par les pamphlets répandus contre le roi par les émissaires de Napoléon, ils se trouva un très petit nombre d'hommes énergiques et bien résolus à venger et à sauver l'honneur national, qui sanctionnèrent ces principes, en formant la constitution de 1812. Cette constitution fut considérée, par ceux mêmes qui étaient le plus hostiles aux principes qu'elle renfermait[1], comme l'unique moyen de relever le courage de ce peuple généreux qui depuis quatre ans défendait la cause de son indépendance et le trône de Ferdinand VII. L'heureuse issue de la guerre prouva bien l'efficacité de cette résolution.

Au retour du roi en Espagne, les ennemis de la constitution, profitant de l'enthousiasme qu'excitait la présence de S. M., parvinrent à la détruire, lorsque déjà elle avait produit son effet en faveur des rois de l'Europe et des classes privilégiées; ils calomnièrent ceux dont elle était l'ouvrage et qui en avaient sincèrement embrassé les principes, et ils eurent soin de donner une interprétation perfide au décret des Cortès du 2 février 1814. On sait cependant que, sans ce décret, le traité conclu entre Napoléon et Ferdinand, par l'entremise du duc de San Carlos, aurait eu un plein et entier effet; qu'on aurait pu employer les armées françaises contre celles des alliés[2]; qu'on aurait vu les Anglais attaqués par les Espagnols, qui se fussent couverts d'ignominie en foulant ainsi aux pieds les engagemens les plus solennels, et qu'enfin Napoléon, peut-être assis encore sur le trône, serait parvenu à renverser les Bourbons d'Espagne pour consolider sa dynastie.

En abolissant le régime constitutionnel, l'on se crut obligé de promettre à la nation des lois qui, sans être aussi larges ni aussi populaires que celles de la constitution de Cadix, auraient pourtant suffi pour faciliter le progrès des lumières, et pour préparer le peuple à d'autres lois plus conformes à l'état de la civilisation. Mais la nation trompée dans les justes espérances que lui avaient fait concevoir de si solennelles promesses, et voyant l'injustice avec laquelle on traitait les bons citoyens et la révoltante partialité qui présidait à la distribution des emplois et des honneurs, tandis que les intérêts les plus pressans du pays étaient dédaigneusement abandonnés, l'opinion publique se prononça contre le gouvernement, inspira à quelques hommes de cœur la résolution de proclamer la constitution, et convainquit le roi de la nécessité de l'accepter. Ce ne fut donc pas par contrainte que le roi jura la constitution, mais bien parce qu'il était intimement persuadé qu'ainsi l'exigeait le bien général.

Cependant la défiance que faisaient naître les antécédens de Ferdinand, et l'impatient désir de jouir des bienfaits de la liberté, si naturel à un peuple qui venait de secouer le joug inquisitorial, furent cause que quelques doctrines offensantes pour S. M. furent exprimées dans les réunions patriotiques. Le roi, mis ainsi en hostilité avec le nouvel ordre de choses, fut insensiblement conduit à dépasser, dans quelques actes, les limites que lui prescrivait la constitution; et cette faute, en même temps qu'elle enhardit les partisans du gouvernement absolu, acheva de convaincre les libéraux que S. M. était peu disposée en faveur du système nouvellement établi. Cette désharmonie ne servit qu'à grossir le nombre des mécontens, à donner de la force aux absolutistes et à provoquer la formation de l'armée d'observation de la France, ainsi que la protection et les secours que cette puissance accorda ouvertement aux partisans de la cause royale. La complication que toutes ces circonstances introduisirent dans les affaires publiques, s'accrut encore par les événemens de juillet 1822, où les libéraux triomphèrent, malgré l'impossibilité où se trouvèrent les ministres de prendre aucune mesure, à cause de leur défaut d'accord avec le roi et de la juste méfiance que leur inspirait le capitaine-général.

Si l'on réfléchit un moment sur la conduite des constitutionnels après leur triomphe, l'on verra combien elle fut différente de celle qu'auraient tenue leurs ennemis s'ils eussent été vainqueurs, et si l'on en pouvait douter, qu'on se rappelle les listes dressées la veille de la bataille et où figuraient les noms de ceux qu'on destinait aux galères et à l'échafaud ; qu'on se représente la joie, l'enthousiasme qui régnaient dans tout le palais, et les dispositions déjà prises pour célébrer le triomphe qu'on attendait avec tant de confiance ; qu'on se souvienne avec quelle facilité les libéraux auraient pu satisfaire leur vengeance, et qu'on dise de bonne foi s'il ne fallut point une générosité sans exemple, pour pardonner à ceux qu'on savait devoir être inexorables si la victoire leur fut restée. Mais ce triomphe, tout en achevant de mettre en évidence l'impuissance des ennemis intérieurs de la liberté, détermina les cabinets qui conspiraient sa ruine, à prendre des mesures plus énergiques et plus directes pour arriver à leur fin, et de là, la scandaleuse invasion de 1823, et la nécessité pour le gouvernement de se retirer à Cadix. En ce moment la difficulté se trouvant compliquée par la défection des généraux constitutionnels, S. M. m'autorisa à faire connaître à ses ministres, et à qui je le jugerais convenable, qu'elle était disposée, dans le cas où elle sortirait de Cadix, à faire les concessions contenues depuis dans le décret du 30 septembre. De moment en moment les obstacles se multipliaient, et ils devinrent presque insurmontables, par le désapointement que causa à notre gouvernement l'infidélité de ses agens à Londres; ce fut dans cet état de choses que le roi rendit le décret du 30 septembre[3] et qu'il partit pour le port Sainte-Marie, et les libéraux, voyant que le prince manquait à sa parole, allèrent en foule chercher asile et protection à l'étranger.

Les patriotes commencèrent leur révolution, en 1820, en accordant un généreux pardon à leurs ennemis, et ils la finirent, en 1823, en ne profitant pas des garanties qu'ils pouvaient exiger avant que le roi n'effectuât sa sortie de Cadix, au lieu de se contenter de sa parole royale. Si à cette époque il s'est commis des désordres, ils n'ont eu lieu que long-temps après le rétablissement de la constitution et à l'instigation de ses ennemis, de même que le sang qu'on a répandu ne l'a été que par l'effet des réactions que les hommes véritablement libéraux n'ont provoquées en aucune manière.

L'histoire ne présente point d'exemples de générosité et de respect aux lois aussi éclatans que ceux que donnèrent alors les libéraux dans plusieurs parties de l'Espagne. On les vit, à cette époque, sortant de leurs cachots, aussitôt après qu'on eût proclamé la constitution à laquelle ils étaient redevables, les uns de la liberté, les autres de l'existence, étouffer dans leur cœur leur ressentiment et le désir d'une légitime vengeance, et exposer leur réputation ou leur vie pour ceux-là mêmes qui avaient été la cause de leurs souffrances et de leurs infortunes.

Ainsi donc, Monseigneur, quels crimes ont commis les libéraux, pour qu'on exerce contre eux les injustices et les rigueurs dont ils sont journellement l'objet? Ou le roi fut contraint par la violence à prêter serment à la constitution, ou il la jura de son propre mouvement et dans l'intime conviction que tel était le vœu de l'opinion publique. Dans le premier cas, comment ce serment pouvait-il être nié par les sujets du prince, lorsqu'eux-mêmes avaient dû obéir non-seulement à cette même force qui aurait été imposée au roi, mais encore à l'autorité du roi lui-même qui le prescrivait? Dans le second cas, qui est le plus probable, l'injustice est flagrante et je n'ai par conséquent pas besoin d'ajouter la moindre observation. Je dis que ce dernier cas est le plus probable, parce que m'étant présenté au roi le jour de mon arrivée à Madrid et ayant pris la liberté de lui demander s'il était satisfait du nouvel ordre de choses : *oui*, me répondit-il, *si l'on est sage......*, ainsi S. M. était satisfaite *si l'on était sage.* Il n'y eut donc que la trop vive exaltation des esprits qui pût exciter son mécontentement, et comme cette exaltation fut la conséquence de la transition subite de l'état d'oppression à celui de liberté, il est vrai de dire que S. M. n'a eu aucun motif de plainte contre la masse des libéraux, comme le prouve d'ailleurs évidemment son décret du 30 septembre (*).

Mais le ministère et ses agens supposent que ce décret fut arraché au roi par la force, et que les libéraux qu'on poursuit sont uniquement ceux qui tentent de troubler la paix publique et de désorganiser la nation : un court exposé des faits et les observations qui en découlent naturellement, feront sentir toute la fausseté de cette double assertion.

Il faut vouloir demeurer sourd à la voix de la raison, pour soutenir que le roi ne contracta pas l'engagement du 30 septembre de son plein gré et avec d'excellentes intentions ; car, comment pouvait-il manquer de liberté dans l'accomplissement de cet acte, tandis qu'il en avait eu assez pour d'autres actes encore plus importans ?

Au commencement de juillet, jaloux de contribuer à mettre un terme aux malheurs de la guerre, d'accord

(*) Voir la note 3.

avec les ministres, je proposai à S. M. d'adresser une lettre autographe à Louis XVIII ; le roi y consentit, mais quelle fut ma surprise, lorsque le lendemain il me fit dire qu'ayant réfléchi sur cette affaire, il n'était plus dans les dispositions de la veille. Là dessus je représentai à MM. les ministres que je croyais que le roi adhérerait à la proposition, si elle lui était faite par l'un d'eux. Mais ceux-ci, ne voulant se mêler en aucune façon à des actes qui dépendaient exclusivement de la volonté du roi, s'y refusèrent, sous prétexte qu'ils ne voulaient point donner lieu à supposer qu'ils violentaient le moins du monde l'esprit de S. M.

Plus tard (le 29 septembre), le ministre ayant proposé à S. M. d'envoyer l'infant don Carlos au port Sainte-Marie avec l'autorisation de traiter avec le duc d'Angoulême, cette mesure ayant d'ailleurs l'approbation de l'infant, le roi s'y refusa parce que, dit-il, c'était à lui qu'il convenait de faire ce voyage. En conséquence et sans plus de délai, il décida lui-même son départ de Cadix. En présence d'une telle résolution, le ministère donna sa démission, refusant ainsi son assentiment à une démarhe qui pouvait devenir extrêmement funeste à la nation et au roi, et en même temps il demanda à S. M., dont il connaissait depuis long-temps les dispositions favorables, si elle ne voyait point d'obstacle à rendre un décret analogue aux bonnes intentions qu'elle avait souvent manifestées à diverses personnes. Le roi accueillit sans difficulté la proposition et ordonna que le décret fut rédigé à l'instant même, et, après l'avoir examiné et y avoir fait lui-même quelques changemens, il le signa en y apposant simplement son nom, sans y ajouter ces mots, *moi le roi*, selon l'usage en pareil cas. D'où l'on voit clairement que le roi rendit ce décret, après avoir pris de lui-même la résolution de quitter Cadix, et après que les ministres se furent démis de leurs fonctions, ce qui explique assez qu'il n'avait pu lui être présenté par aucun d'eux. Qui donc aurait pu le forcer à cet acte?

Si S. M. avait rendu ce décret sur la présentation de ses ministres, et sans toutes les circonstances que j'ai exprimées, je concevrais qu'il y eût quelque motif de supposer que cette prudente mesure lui eût été arrachée par la ruse ou par la violence; mais lorsque S. M. avait pris la peine de m'exprimer confidentiellement ses bonnes intentions, lorsqu'elle m'avait autorisé à en faire part au ministère, en lui donnant en même temps l'assurance qu'elle était très disposée à les remplir; lorsque le roi avait assez de liberté pour s'opposer au départ de l'infant et pour arrêter le sien, malgré l'opposition de ses ministres, je le demande, quelle nécessité, quelle force y avait-il, qui l'obligeât à adhérer à un acte purement fondé sur une légère indication, et qui ne lui était nullement indispensable pour effectuer sa sortie de Cadix?

Au surplus, qu'a fait le roi le 30 septembre, qui soit contraire à ses droits ou préjudiciable à la nation? et qu'a-t-il été promis dans ce décret, qui ne se retrouve au moins dans celui du 4 mai 1814 (*)? Et l'on osera dire que ce décret fut le résultat de la violence?... Mais si le libre arbitre du roi n'était point contesté quand il a donné plus, pourquoi supposer qu'il lui manquait quand il a donné moins?

Un autre fait incontestable à l'appui de cette vérité, c'est la fermeté avec laquelle le roi refusa à Séville de souscrire à la mesure prise par les Cortès de se rendre à Cadix. Pourra-t-on croire que Ferdinand VII, qui, au milieu du tumulte et des dangers qui marquèrent les derniers momens de son séjour à Séville, eut assez de caractère pour se refuser à sortir comme roi de cette capitale, consentant à renoncer à ce titre plutôt que de manquer à sa résolution, croira-t-on, dis-je, qu'il ait été contraint à rendre le décret du 30 septembre, lorsque la plus grande tranquillité régnait à Cadix, lorsqu'aucun cri, aucune menace ne l'y obligeait?

Et si l'on veut une autre preuve de la liberté avec laquelle S. M. procéda dans cette circonstance, n'en a-t-on pas une incontestable dans la répugnance avec laquelle le roi se prêta à la mesure du 1er octobre (**), lorsque, pour l'obtenir, les ennemis du bien public furent réduits à la faire réclamer par le peuple en tumulte et avec violence?

Et l'on viendra dire que ce ne fut pas spontanément que le roi rendit le décret du 30 septembre!.....

(*) Voir les extraits du décret du 4 mai 1814, à la note 3.

(**) Voir le décret du 1er octobre à la même note.

Lorsque S. M. m'autorisa à faire connaître ses bonnes dispositions, elle avait bien pesé tous les avantages qui en devaient résulter. Le prince n'ignorait pas quelle injustice il y aurait à poursuivre ceux qui avaient embrassé le parti de la constitution, puisqu'ils n'avaient fait qu'obéïr à sa royale volonté, et il savait aussi que, pour prévenir de nouvelles convulsions, il convenait de jeter un voile sur les erreurs et les fautes qu'un excès de zèle avait pu faire commettre, bien convaincu d'ailleurs que d'ordinaire dans les réactions politiques, c'est le parti le plus généreux et le plus juste qui consolide sa puissance. Quant aux hommes en place, il sentit que le moyen d'éviter qu'ils ne conspirassent, c'était de pourvoir à leurs besoins, et en conséquence il voulut que leurs emplois leur fussent maintenus.

Il ne se dissimula pas non plus les inconvéniens de la reconnaissance des emprunts des Cortès; mais les avantages qui en résultaient d'un autre côté l'emportèrent, car il vit que c'était un moyen d'obtenir, sans de grands sacrifices, les ressources nécessaires pour faire face aux engagemens de l'Etat, pour envoyer en Amérique une expédition dont feraient partie les corps de troupes et les officiers dont les opinions politiques n'inspireraient pas une grande confiance, et enfin pour consolider son gouvernement sans le secours de troupes étrangères.

Le Roi reconnut aussi la nécessité de garantir la propriété, en la plaçant sous la sauvegarde des lois, et ce fut l'objet d'une des dispositions du décret. Il désira également protéger la sûreté des personnes, car il avait toujours vu avec déplaisir les abus commis en son nom par les dépositaires de son autorité.

S. M. était tellement pénétrée de ces nobles sentimens, et elle avait un désir si vif de remplir fidèlement ses promesses, qu'avant son départ de Cadix, elle me demanda si j'étais encore disposé à réaliser le plan que je proposai aux Cortès en 1822. Sur ma réponse affirmative, et sur l'insistance que je mettais à faire ressortir les immenses bienfaits qu'on devait en attendre, le roi, plein de satisfaction, me répondit *que telles étaient aussi ses intentions*, *et*, *qu'avec des moyens d'exécution*, *tout pourrait s'arranger plus facilement*. Je signalai alors, comme la seule difficulté, les soupçons que m'inspirait l'exaltation des passions du parti ennemi, à quoi S. M. répondit : « Que je ne devais concevoir aucune crainte, parce que l'affection que je lui portais était connue de tout le monde. »

Le Roi rendit donc le décret du 30 septembre avec une entière liberté, et bien convaincu qu'avec ce décret et les bienfaits que devait produire, entre autres mesures, la réalisation de ce que je proposais, il pourrait faire le bonheur des Espagnols de toutes les classes; mais l'exaltation des uns et l'égoïsme des autres ont été cause que S. M. n'a pu remplir ces louables intentions, ainsi que le démontrent clairement les événemens survenus depuis le mois d'octobre 1823 jusqu'à ce jour.

Le Roi, à peine arrivé au port Sainte-Marie, fut circonvenu par les hommes les plus exaltés du parti royaliste, dont l'irritation s'accordait mal avec les dispositions pacifiques et conciliatrices qu'il avait emportées de Cadix. Ces hommes inconsidérés se hâtèrent de susciter des mouvemens tumultueux, dans le but d'effrayer le Roi, pour l'empêcher d'effectuer sa première résolution, et l'on saura un jour à l'aide de quelles intrigues l'on amena S. M. à violer ses promesses, en promulgant le funeste décret du premier octobre.

Toutefois, l'on sait déjà aujourd'hui que le Roi ne rendit point ce décret le jour de sa date, tant il répugnait à accepter la honte d'une si choquante contradiction ; et si bientôt il condescendit à cette démarche, ce fut afin de ne point recourir à l'armée française pour réprimer ceux mêmes qui s'étaient tant sacrifiés pour sa cause; il s'y résigna d'ailleurs, avec l'espoir de pouvoir plus tard réaliser ses vœux. Mais il importait surtout aux auteurs de ces viles machinations de faire croire que le Roi était sorti de Cadix avec l'intention de ne pas accomplir ce qu'il avait promis, et c'est pour cela qu'ils firent dater le décret du jour même où ils considérèrent S. M. comme ayant recouvré sa liberté. C'était ainsi que ces perfides conseillers se flattaient d'échapper à la responsabilité qui devait un jour peser sur eux.

Pénétré des bonnes intentions du Roi, j'adressai, en 1825, une Représentation au gouvernement, dans laquelle, résumant le plan que j'avais présenté aux Cortès et qui avait mérité l'approbation particulière de S. M., j'offrais de construire tous les canaux nécessaires, de faire aux communes les avances dont elles pourraient avoir besoin pour les travaux qui seraient reconnus d'une utilité générale, pourvu qu'ils produisissent assez pour faire rentrer le capital et payer les intérêts; de fonder, dans chaque province, un établissement où l'on recevrait, au prix courant, les produits des communes qui ne pourraient point payer en espèces leurs contributions, de manière à leur faciliter le moyen d'y satisfaire sans retard, et enfin de me charger, à dix pour cent de moins que le trésor, de tous les frais d'entretien de l'armée de terre et de mer, à l'exception des traitemens. Ce plan passa, par ordre de S. M., au ministère des finances, d'où l'on m'adressa un ordre du Roi par lequel il acceptait les bases de ma proposition, en m'ordonnant d'en rédiger une spéciale sur chacun des points principaux, afin de soumettre ces diverses propositions à l'examen des ministres compétens.

Mais en même temps que cette communication m'était adressée, sous la date du 9 juillet, l'ambassade d'Espagne, à Paris, en recevait une, de son côté, d'une date antérieure, et non revêtue de l'assentiment du Prince, dont l'objet était de solliciter du gouvernement français ma sortie de France; et, en conséquence de cette réclamation, je dus quitter Paris le 10 juillet. Ainsi, tandis que le Roi donnait l'ordre d'exécuter le plan que j'avais proposé, plan qui devait employer les bras oisifs à la construction des canaux, faciliter le paiement des impôts, encourager l'agriculture, l'industrie et le commerce, augmenter la valeur des propriétés, diminuer les dépenses du trésor, et, pour le dire en un mot, suffire à tous les besoins de l'Espagne, un autre pouvoir, dans lequel le Monarque n'a aucune part, empêchait la réalisation de ses bonnes intentions. [4] En vain je protestai contre cette injustice auprès des ministères de l'intérieur et du commerce, mon grand ennemi était le service même que je voulais rendre, car, s'il eût été accepté, il n'y avait plus d'aliment possible aux perfides et ruineuses opérations qui ont tant compromis les intérêts publics, et qui font subir à Ferdinand l'humiliation d'être sous la dépendance de ses plus grands ennemis. Ils n'ignoraient point, ceux-ci, que ma présence à Madrid pourrait être un obstacle à leurs indignes manœuvres, et de là leur acharnement à prolonger mon exil et à me persécuter, et l'audace des agens du ministère, qui refusèrent d'exécuter deux ordres du Roi en ma faveur. Après une résistance aussi opiniâtre, le Roi, dans la crainte d'une nouvelle humiliation, crut prudent de suspendre ses louables efforts, sans cesser toutefois d'approuver mes projets, si j'en juge par l'intérêt avec lequel il a pris connaissance des lettres que j'ai écrites, sur les affaires publiques, à quelques personnes qu'il honore de sa confiance.

J'ai toujours été si convaincu que le Roi n'a jamais eu d'autre pensée que de faire le bonheur de son peuple, que, malgré les difficultés qui jusqu'alors avaient arrêté les effets de ses bonnes intentions, je n'hésitai pas à renouveler mes instances à l'époque de son dernier mariage, que je crus devoir être favorable à mes vues ; et, pour donner à mes sollicitations tout l'appui qu'elles pouvaient avoir, je me présentai à M. le comte d'Ofalia. M. le comte, informé de tout ce qui s'était passé jusque-là des désirs manifestés par S. M., et des moyens sur lesquels je fondais la réussite de mes projets, me répondit qu'il était convaincu de la vérité de tout ce que je lui disais, aussi bien que de la facilité que j'aurais à réaliser mes idées, et, dans la pensée que les ministres ne laisseraient point échapper cette occasion de rendre un service si éminent à la nation et au Roi, il se chargea de ma Représentation de l'année 1829, pour l'adresser et la recommander lui-même au gouvernement. Jugeant des sentimens de MM. les ministres d'après les siens, S. Exc. comptait sur un succès complet; mais comme malheureusement il y a incompatibilité matérielle entre les intérêts du ministère et la félicité publique, qui comprend aussi les intérêts de la royauté, mon plan ne fut pas adopté.

Voilà la cause de l'opposition tenace du ministère; voilà la raison qui laissa sans résultat ma nouvelle sollicitation comme les précédentes; voilà enfin l'origine des persécutions dont j'ai été l'objet, et, si ce n'est pas là la seule, la véritable cause de tant de disgrâces, que le ministère allègue donc quelque crime ou quelque fait qui justifie ses indignes procédés à mon égard. Ma conscience me dit qu'au lieu d'imprudences ou de délits, il n'aura à produire que le souvenir des services que j'ai rendus à la nation et au Roi, et qui devaient, ce me semble, me donner droit à quelque bienveillance; services dont je ne me prévalus jamais pour mendier des faveurs, et que je n'aime point à rappeler, à moins que ma défense ne l'exige, comme dans cette circonstance, par exemple, afin de prouver avec quelle injustice le ministère persécute les hommes qui n'ont d'autre tort que de désirer le bonheur de leur patrie, et pour faire ressortir davantage à quel point il a abusé et il abuse encore de la confiance du Monarque.

Il faut toute l'importance de l'objet que je me propose pour me faire vaincre la répugnance que j'éprouve naturellement à parler de moi, et pour me déterminer à donner une esquisse rapide de ma conduite, qui confonde le ministère et mette à nu sa fausseté lorsqu'il prétend qn'il n'exerce de persécutions que contre les libéraux qui sont les ennemis du Roi, qui fomentent des troubles et qui méditent la ruine de leur pays. Comme tous mes compagnons d'infortune, je suis en butte à ces odieuses calomnies; un simple exposé de mes actions en fera justice.

Depuis le jour où Bonaparte, au mépris des droits les plus sacrés, outragea l'honneur national, et voulut disposer à son gré du sort de l'Espagne, je ne balançai pas à me dévouer à la défense de la cause de Ferdinand VII et de l'indépendance de la nation ; je fus le premier dans Valence, qui, de concert avec mes deux frères, levai et armai des soldats à mes frais dans ce but patriotique. Ce service fut d'autant plus utile, qu'il seconda puissamment les efforts d'autres patriotes qui cherchaient à forcer les autorités à prendre des mesures de défense, et à former la junte souveraine de cette province, qui a eu tant de part dans l'heureuse issue de notre glorieuse résistance. Les services que je rendis depuis, en remplissant avec conscience mes fonctions de membre de ladite junte, en m'occupant de pourvoir aux besoins de l'armée et d'adoucir, le plus possible, les plaies de l'état, en exposant ma vie pour le salut de la patrie, ne démentirent en rien mes premiers actes de dévouement à la chose publique. Si V. Exc. révoquait en doute quelqu'un de ces faits, outre le témoignage de l'opinion publique qui les confirme, je pourrais les attester par des documens écrits, dont au reste on doit avoir tenu note dans les bureaux du ministère.

Au retour du Roi en Espagne, l'on méconnut les bonnes intentions qui avaient présidé à l'œuvre de la constitution, ainsi que les bienfaits qu'elle avait déjà produits. Et moi, qui en avais embrassé les principes, je fus compris dans le nombre des proscrits, poursuivi et jeté dans les cachots. Mais S. M., informée des services que j'avais rendus pendant sa captivité, ordonna qu'on me rendît à la liberté, pour que je m'employasse à être utile à l'état. L'on sait assez si j'ai dignement répondu à l'attente de S. M.; cela résulte d'ailleurs du témoignage de mes ennemis et des preuves répétées de considération personnelle dont m'a honoré Ferdinand.

En 1820, tandis qu'on proclamait la constitution, j'étais au pied de l'échafaud, et personne n'ignore la générosité de ma conduite envers celui qui, après m'avoir enlevé un fils, avait juré ma mort et la ruine de toute ma famille.

Ma famille et moi nous devions au régime constitutionnel la vie et la considération dont nous jouissions : il était à la fois de notre devoir et de notre intérêt de ne négliger aucun sacrifice pour le soutenir. C'est aussi ce que nous fîmes, et je ne laissai point que d'user de toute la force morale que me donnait la conduite que j'avais tenue pour éviter des désagrémens aux ennemis de ce gouvernement, et pour être utile à la personne du Roi, autant que cela pouvait se concilier avec mes devoirs. Toutes les fois que mes engagemens ou mon patriotisme l'ont exigé, j'ai combattu, au péril de ma vie, contre les ennemis du gouvernement établi, que l'on surprenait les armes à la main, et il n'est personne qui puisse dire avec vérité que, hors de là, je lui aie causé le moindre dommage, tandis qu'au contraire un grand nombre de citoyens peuvent attester que je leur ai sauvé bien des persécutions.

A raison de toutes ces circonstances, lorsque le siége du gouvernement passa à Séville, les royalistes influens, m'offrant leur protection, me prièrent de ne point sortir de Madrid, et de chercher à convaincre les libéraux de l'inutilité de résister à la force des événemens, afin d'éviter ainsi de nouveaux malheurs. Mais je répondis au respectable ecclésiastique qui me fit cette proposition, que mon devoir était de suivre le gouvernement et de défendre la constitution jusqu'à la dernière extrémité; que je ne voulais en aucune manière donner lieu de penser que j'avais montré des opinions d'ordre et de modération, dans la vue d'échapper aux malheurs qui menaçaient les partisans de la liberté, et qu'enfin mon honneur et mes sentimens ne me permettant point de transiger avec mes devoirs, il ne m'était pas possible d'abandonner le gouvernement.

Constamment fidèle à ces principes, j'ai sacrifié toute ma fortune, j'ai exposé ma vie et celle de mes fils pour la défense de la cause constitutionnelle, sans cesser toutefois d'être utile au Roi, comme je viens de le dire plus haut.

Pendant mon émigration, au lieu de m'engager dans de *folles tentatives pour troubler la paix publique et causer la ruine de l'Espagne*, ainsi que le suppose V. Exc., je me suis occupé de faire au gouvernement des propositions conformes aux désirs du Roi, pour rendre la prospérité à la nation, et non pour la désorganiser;

et le ministère, loin de les accueillir, comme c'était son devoir, les a dédaignées et m'a persécuté pour en empêcher l'exécution. Je me suis ainsi conduit, parce que la maxime « ne faites pas aux autres ce que vous ne voudriez pas qu'on vous fît, » n'est pas pour moi une vaine théorie, et parce que j'ai voulu être conséquent avec moi-même, en ne m'écartant pas des conseils que je donnais à quelques royalistes, sous le régime constitutionnel, pour qu'ils ne troublassent point par leurs complots la tranquillité publique.

Autant par ces motifs, qu'en considération de l'état où se trouvait l'Espagne et une grande partie de l'Europe en 1825, je compris qu'il était de mon devoir de contribuer à obtenir l'effet des bonnes résolutions qu'avait manifestées le Roi à son départ de Cadix. Je pensai également que la lutte entre les partis une fois terminée, il fallait, pour que le vaincu pût obtenir des garanties de sécurité, faire d'abord la part du vainqueur, et que cela pouvait s'obtenir en procurant au Roi la force morale et la force matérielle nécessaires pour faire le bonheur de tous.

Et si, comme le témoignent les faits que je viens de rapporter, ces principes ont été la règle invariable de ma conduite dans l'émigration, pourquoi le Ministère s'est-il obstiné à ne pas accueillir mes propositions, et pourquoi m'a-t-il persécuté avec tant d'acharnement? Le Roi voulait-il qu'on opérât tout le bien qu'il était possible de faire, je crois que c'est incontestable : pourquoi donc n'a-t-on pas rempli les vœux de Sa Majesté? Serait-ce parce que je suis regardé comme exclus de l'amnistie de 1824? Aucune des exceptions de cette amnistie ne peut m'atteindre, et le procès que m'a intenté la salle des Alcaldes, fondé sur l'article de ce décret, qui s'applique à ceux qui auraient formé des *guerillas* après l'entrée des Français en Espagne, est injuste, en ce que la *guérilla* que je commandais fut dissoute à Madrid avant cette époque, et que j'avais pris seul la route de Séville, lorsque le gouvernement fit sa translation. Sera-ce à raison de ma qualité d'alcalde constitutionnel? Mais tous ceux qui le furent comme moi ont été amnistiés, et je ne crois avoir fait ni plus ni moins que mes collégues en m'acquittant de ces fonctions. Pour quel motif le Ministère m'a-t-il donc persécuté, n'ayant contre moi aucune espèce de grief qui pût expliquer ses rigueurs, tandis qu'au contraire, j'avais à présenter à mon avantage des services signalés rendus à la nation et au Roi, et que je comptais sur la garantie solennelle que j'avais reçue de la bouche même de S. M.?

Maintenant, si l'on veut réfléchir à l'animosité que nourrit contre moi le ministère, si l'on considère avec quelle obstination il me poursuit, l'on ne pourra s'empêcher d'en conclure qu'il me regarde, parmi les libéraux, comme un des agitateurs les plus dangereux. Mais si moi, qui suis des plus coupables dans sa pensée, j'ai de si fortes raisons à faire valoir en ma faveur, combien sera-t-il plus facile de se justifier à ceux qui, à ses yeux, sont beaucoup moins coupables. Non, les motifs qui excitent le ministère contre les libéraux, ne sont pas ceux qu'il allègue, et si l'on doit juger de sa conduite par les effets qu'elle produit, il est facile de comprendre quel est son véritable mobile.

Le ministère entretient la division parmi les Espagnols, il épuise la nation par des opérations ruineuses et toujours entachées de fraude; il empêche le Roi de faire le bien que les Espagnols ont le droit d'attendre de son gouvernement, et il le met sous la dépendance de ceux qui ne méritèrent jamais sa confiance ni celle du pays, de ceux qui ont intérêt à ce que le Roi paraisse tel qu'ils le présentaient à l'époque de leur défection, afin de se faire absoudre de leur apostasie et de leurs crimes contre les patriotes, en forçant la nation d'avouer qu'ils avaient eu raison lorsque, rangés sous la bannière de l'usurpateur, ils soutenaient la nécessité d'un changement de dynastie, comme seul gage de bonheur pour l'Espagne. Et si tels sont les résultats, que dire de la cause qui les a produits? Croira-t-on qu'on désire l'ordre et la paix, lorsqu'on s'efforce de souffler et d'entretenir la discorde; qu'on veut la prospérité de l'Espagne, lorsqu'on dilapide le trésor public et qu'on tarit, par les monopoles, les sources de la richesse publique? Croira-t-on qu'on estime pour quelque chose l'honneur de la majesté royale, lorsqu'on met le Roi à la merci de ceux qui, par leurs vœux ou leurs efforts, n'auraient jamais cherché à l'arracher à sa captivité? Non certainement. Les conseillers actuels de Ferdinand VII ont des vues tout à fait opposées à ces grands intérêts. Leur bien-être particulier est incompatible avec celui du Roi et du pays, aussi éloignent-ils avec hypocrisie, des affaires publiques, les hommes de tous les partis qui pourraient y apporter leurs lumières et démasquer leurs projets et leurs perfides manœuvres. C'est ainsi du moins qu'il faut le croire, lorsqu'on les voit contrarier les désirs paternels de S. M., et lorsque, abusant de son nom auguste, ils s'efforcent, autant que pourraient le faire ses plus mortels ennemis, de le déconsidérer aux yeux de la nation et du monde civilisé.

Les ennemis du monarque ne pouvaient vouloir qu'on mît à exécution le plan qui avait été proposé à Cadix, car ils voyaient que S. M. allait acquérir une gloire dont on trouverait peu d'exemples dans l'histoire de ses plus illustres prédécesseurs, et qu'ainsi serait détruite l'opinion équivoque que la malveillance avait cherché à répandre sur sa capacité et ses sentimens. Les ennemis du roi ne pouvaient voir avec indifférence qu'il fût fidèle à ses promesses, parce qu'ils sentaient trop bien qu'il acquerrait par-là une force morale telle, qu'il ne leur eût plus été aussi facile de le conduire à sa ruine. Ils n'ignoraient pas que rien n'est plus propre à déconsidérer les hommes, et particulièrement les rois, que la violation de leurs engagemens; ils savaient qu'un prince qui, par sa fidélité à ses promesses, jouit de la confiance publique, trouve alors assez de ressources en lui-même pour se sauver toujours des plus grands dangers; aussi voulaient-ils que Ferdinand VII perdît cette puissante sauve garde.

Il importait donc aux ennemis du roi, que S. M. parût injuste et ingrate, et c'est là le résultat de la conduite des ministres, lorsqu'ils poursuivent en son nom ceux qui se sont sacrifiés pour la défense de son trône, ceux qui ont su lui éviter des chagrins sérieux en des temps de tribulation, et les royalistes qui ont versé leur sang pour sa cause; tandis que, d'un autre côté, ils comblent d'honneurs, de faveurs et de richesses ceux qui ont déchiré le sein de la patrie, ceux qui ont assassiné les patriotes qui défendaient S. M. [5]

Je ne me dissimule pas, Monseigneur, que ces vérités pourront paraître fort dures, et j'éprouve, par cela même, assez de peine à les énoncer, sans que j'y sois porté par le ressentiment personnel que je puis avoir contre le ministère, car, par sa conduite, il m'a soustrait aux dégoûts et aux dangers auxquels m'eussent exposé les obstacles que l'envie et l'intérêt privé mal entendu m'auraient suscités dans la réalisation de mon projet, et les persécutions dont j'ai été l'objet ont en même temps prouvé qu'aucune de mes démarches ou de mes actions n'est allée au-delà des bornes que me prescrit la droiture de mes principes.

Celui qui a véritablement à se plaindre de cette conduite, c'est le roi qu'elle n'a pas laissé libre de faire à la nation tout le bien qu'il savait lui devoir en dédommagement des sacrifices si coûteux qu'il en avait reçus; sacrifices qui fesaient peser sur S. M. une grave responsabilité, qui n'existerait plus aujourd'hui si l'on n'eût point trompé sa confiance.

Ceux qui doivent se plaindre des ministres actuels, ce sont tant d'infortunés qui périssent faute de travail, et qui n'en eussent pas manqué avec l'exécution de mon plan; tant de propriétaires dont les terres sont sans valeur par le défaut de communications; tant de malheureux citoyens qui, en raison des circonstances, sont restés sans emploi, sans aucune industrie, et qu'on aurait pu utiliser dans la direction des nouveaux travaux; tant de gens intéressés à la puissance du parti qui domine, parce que l'exécution de mes projets diminuant le nombre des oisifs et des mécontens, l'on évitait les convulsions politiques; tant de victimes sacrifiées en Catalogne et ailleurs, et qui n'avaient été mises en insurrection que par l'excès de leur misère et le discrédit où était tombé le gouvernement; enfin, le clergé, qui, en présence de la marche tortueuse d'un ministère qui ne vit que d'emprunts, comprend bien que tôt ou tard, pour couvrir l'énorme déficit que doit nécessairement amener un tel système, il faudra recourir à ses biens, dont je lui assurais, moi, la possession intacte, puisque je créais une nouvelle richesse dans la nation, capable de suffire surabondamment à tous les besoins.

Ainsi, si, par l'accomplissement du décret du 30 septembre, la sureté des personnes et des propriétés eût été garantie, et qu'on eût ensuite exécuté ce que je proposais, la confiance serait facilement revenue, et il serait entré en Espagne plus de 500 millions (*) portés en Europe par les Espagnols qui ont émigré d'Amérique, et qui sont restés en pays étrangers. Avec cette somme, jointe à celle qu'aurait introduite l'adoption de mon plan, et le crédit qui en serait résulté pour faciliter les entreprises commerciales, les capitaux se seraient multipliés, et la circulation eût été augmentée de plus d'un milliard. (**) Avec de tels résultats et ceux qui auraient surgi de ce mouvement, le roi pouvait se présenter au milieu de son peuple comme son véritable père, et avec la satisfaction de voir que la prospérité, étendant sur le sol espagnol sa douce influence, ramenait enfin cette joie sereine et universelle qui seule est le fruit de la paix et de l'abondance.

Je le répète, ces vérités sont fort dures, mais je vous prie de considérer, Monseigneur, ce qu'ont dû être les faits qui les ont produites; par l'impression pénible dont elles pourront affecter votre ame, vous jugerez de l'irritation qu'elles doivent exciter parmi ceux aux-

(*) 500 millions de réaux, c'est-à-dire, 125 millions de francs.

(**) 250 millions de francs

quels les faits se rapportent, et à qui ils ont causé tant de maux et enlevé tant de biens.

Une vérité ne mérite ce nom que lorsqu'elle est identique aux faits qu'elle représente; si le fait est criminel, la peine en doit retomber sur son auteur, et point du tout sur celui qui le rapporte.

Or, les faits que j'ai exposés sont exacts ou ne le sont pas. Ai-je fait les propositions dont j'ai parlé, c'est, je crois, ce qui n'admet point de doute. Était-il possible de les mettre à exécution, c'est ce qui a été résolu affirmativement par quelques personnes intelligentes qui jouissent de la confiance du ministère. Mon projet une fois réalisé, amenait-il cette abondance de biens que j'ai énumérés, je ne pense pas non plus qu'on me le conteste. Eh bien! pourquoi donc n'avoir pas accueilli un plan si avantageux, si facile et si philantropique? Serait-ce parce qu'il aurait trouvé quelque opposition dans la volonté de S. M.? Oseriez-vous avancer, Monseigneur, que le roi ne voulait point consentir à ce qu'on fît tout le bien que je proposais? Je ne le crois pas. Mais, s'il arrivait que quelqu'un eût envie de le soutenir, je dois dire que j'ai entre les mains des documens qui attestent que S. M. le désirait sincèrement. Et si V. Ex. se rappelle un article imprimé à Paris en 1829, dans lequel on disait en d'autres termes ce que je dis aujourd'hui moi-même sur cet objet, si vous vous souvenez, Monseigneur, que cet article fut mis sous vos yeux, et communiqué à d'autres personnes intéressées à le combattre, sans que pourtant il ait été l'objet d'une seule critique, et si j'ajoute qu'il fut aussi présenté à S. M., qui ne le désapprouva en aucun point, je ne sais ce que pourra répondre V. Ex. pour prouver que les vérités que je rapporte ne sont pas conformes aux faits qu'elles expriment.

En présence de faits aussi authentiques, pourra-t-on dire que le roi a été libre de faire le bien ? Pourra-t-on dire que les ministres n'ont point abusé de son auguste confiance ? Niera-t-on qu'ils ne l'aient fait servir qu'à persécuter les hommes dont le grand tort est de désirer ardemment le bien-être de leur patrie, et que les vexations exercées contre eux n'aient eu pour objet d'empêcher les services qu'ils pouvaient rendre à la nation, et non de réprimer leurs prétendues folies, ou de punir leurs crimes supposés ? Et si le roi n'a pas été libre de faire le bien ou d'empêcher le mal à une époque où, le système absolu étant consolidé, il n'y avait partout qu'une obéissance passive aux ordres du gouvernement, comment aurait-il eu plus de liberté après son départ de Cadix, lorsqu'au milieu de l'exaltation des passions et des désordres de l'anarchie, ceux qui se croyaient lésés par le décret du 30 septembre, excitèrent le peuple à en réclamer tumultueusement la révocation ?

Si Ferdinand VII n'a pu faire le bien qu'il désirait, à quoi donc lui a servi d'être roi absolu, si ce n'est à assumer sur lui la responsabilité de tous les maux que les intrigues et les intérêts particuliers des ministres ou de leur entourage font peser sur l'Espagne; à quoi bon ce titre de roi absolu, si ce n'est à remplir de remords le cœur du monarque, puisque, connaissant aussi bien que qui que ce soit toutes ces calamités et les remèdes qu'elles exigent, il n'ose pas prendre des mesures convenables pour en affranchir son peuple.

Si l'on eût exécuté le décret du 4 mai 1814, si l'on eût établi une représentation nationale, en y admettant les députés d'outre mer, les représentans Américains ne seraient point revenus chez eux pour y fomenter l'insurrection, et l'on aurait épargné les sommes énormes qu'on a inutilement dépensées pour la comprimer; on aurait connu les besoins réels du pays par les légitimes organes de la volonté nationale, et on y aurait pourvu; on aurait évité les conspirations; les évènemens de 1820 ne seraient point survenus et avec eux une dette de deux milliards (*); le roi ne se serait pas vu exposé aux dangers qu'il a courus et auxquels il n'a échappé que parce que les libéraux préférèrent respecter sa personne plutôt que de jeter la discorde dans la Sainte-Alliance, en lui abandonnant une couronne, ce qui aurait fait changer de face la question de l'intervention, et probablement la liberté n'aurait pas été perdue pour l'Espagne, et les libéraux n'eussent pas subi les persécutions dont on les a accablés. Voilà ce qu'a perdu le roi et ce qu'il a fait perdre à la nation jusqu'en 1823, et à quoi il s'exposa en établissant en 1814 le pouvoir absolu.

(*) 500 millions de francs.

Et si cette mesure produisit alors de si tristes fruits, qu'a-t-il gagné à la renouveler en 1823? La nation grevée d'une dette d'environ trois milliards (*); les hommes chargés du maniement des fonds publics enrichis de 200 millions; des préjudices immenses causés par la contrebande faite à la faveur de l'armée française; six cent millions perdus à l'entretien des volontaires royaux; des conspirations formées dans le sein de la Catalogne et servant de prétexte aux assassinats commis, au mépris des promesses royales, sur les défenseurs de la cause du roi; le nombre des victimes de tous les partis augmentant de jour en jour; et, pour dernier résultat, le roi privé de l'affection de son peuple et exposé à ce que la nation, lorsqu'elle secouera le joug de ses oppresseurs, le confondant avec eux, ne le précipite à sa ruine comme l'auteur supposé de tous ses maux; tels sont, en résumé, les avantages qu'a retirés Ferdinand VII du système du gouvernement remis en vigueur en 1823.

Combien sa position serait différente, ainsi que celle de la nation, si l'on eût accepté les conséquences du décret qu'il rendit à Cadix, et les sages mesures qu'il se proposait de prendre pour faire le bonheur de l'Espagne! Dans ma pensée, le roi n'a rien gagné au rétablissement de l'absolutisme, et je crois qu'il y a beaucoup perdu. Et les royalistes, quel profit ont-ils retiré de tant de sacrifices faits pour rétablir le pouvoir absolu? aucun, à mon avis, car la plus grande partie de

(*) Près de 800 millions.

ceux qui ont figuré dans les premiers rangs se voient aujourd'hui ruinés, exilés ou persécutés, et ceux des classes pauvres qui ont versé leur sang, gémissent dans les cachots ou sont exposés à l'humiliation et au mépris, sans que beaucoup d'entre eux aient été sauvés de l'échafaud par la parole royale donnée en Catalogne; tyrannies causées le plus souvent par ceux qui, n'ayant ni le courage, ni le mérite de leurs victimes, ont eu besoin de recourir à l'intrigue pour leur enlever les dignités ou les emplois que leur avaient valu leurs sacrifices.

Tels sont les avantages que le roi et les plus zélés défenseurs du gouvernement absolu ont recueilli d'un changement de système; et la raison qui, pour triompher en Espagne, avait besoin que ces deux vérités fussent mises au grand jour, ne devra son triomphe qu'à ses propres ennemis.

Afin d'éviter ce grand jour et de se soustraire à la réprobation publique, le ministère fait répandre par ses agens que s'il n'a pas satisfait aux besoins du pays, c'est qu'il en a été empêché par les tentatives des libéraux. Mais les faits que j'ai exposés ne prouvent-ils pas que ce n'est qu'un vain prétexte? Ne pouvait-il point éviter ces tentatives, en accomplissant le décret du 30 septembre et en mettant à profit mes propositions? Moi-même, depuis les évènemens de juillet, dans mon désir de préserver ma patrie des malheurs qui accompagnent ordinairement les révolutions, n'ai-je pas demandé, par votre propre entremise, Monseigneur, qu'il me fût permis de contribuer à réconcilier les partis et à rendre à l'État sa prospérité. Et si, malgré mes garanties personnelles et l'utilité de mes plans, on n'a pas daigné acquiescer à ma demande, comment ceux qui n'avaient pas à faire valoir les mêmes avantages, auraient-ils pu espérer d'être plus heureux? Ainsi, la route qui nous eût tous conduits sans secousses et sans entraves au temple de la concorde n'étant point accessible, quel autre moyen restait-il à l'émigration pour recouvrer une patrie, d'où l'a expulsée la trahison et la perfidie, que de tenter le sort des armes? Et si ce moyen a été favorable au ministère, peut-il contester qu'il ne doive sa victoire qu'à l'appui du cabinet français? L'importance qu'on a donnée à cette tentative des constitutionnels, et le grand enthousiasme excité par leur défaite, démontrent clairement quelles étaient les craintes et la défiance de ses ennemis avant d'être vainqueurs; craintes d'autant mieux fondées, que le gouvernement français d'aujourd'hui ayant fait aux libéraux espagnols la même faveur que les royalistes avaient obtenue d'un gouvernement précédent, il était facile de prévoir qu'avant trois ans, et sans le secours des baïonnettes étrangères, les constitutionnels auraient atteint l'objet de leurs voeux. Le gouvernement français sentira un jour, qu'étant redevable de son existence au triomphe de la raison et de la justice, il a manqué à sa mission en ne réparant point les graves dommages causés par ses prédécesseurs à cette cause sacrée. Mais d'un autre côté, comment le ministère ou ses habiles conseillers ne comprennent-ils point que les croix et les cordons accordés à l'occasion d'une victoire remportée sur deux cents hommes, n'indiquent qu'une excessive faiblesse et une fausse position ? Comment ne voient-ils point que la manifestation de tant de joie, dans un gouvernement qui se dit l'idole de la nation, et qui s'appuie sur une armée de 80 mille hommes et sur tant d'autres royalistes, prouve clairement que ce petit nombre d'émigrés a en Espagne une force morale supérieure à la force matérielle dont peut disposer le gouvernement ? Comment peuvent-ils se dissimuler que les mesures de rigueur qu'on ne cesse d'employer sont un signe certain du sentiment qu'a le gouvernement lui-même du désordre de son administration et des dangers qui le menacent ? Comment ne réfléchissent-ils pas que chaque victime immolée est une secousse qui ébranle avec plus ou moins de force les fondemens du despotisme, et comment oublient-ils que ce qui acheva de le renverser en 1820, ce fut le sang des patriotes répandu en 1819 ?

Qui sait si dans ce moment il n'est pas enfin arrivé à la dernière victime qui doit le précipiter dans l'abîme vers lequel il marche depuis sa création [6].

Le ministère et ses agens ne devraient point ignorer que l'histoire de tous les peuples et celle de l'Espagne en particulier attestent que les gouvernemens n'en viennent à de pareils moyens que lorsqu'ils touchent au terme de leur existence, et que le ministère espagnol, en mettant à découvert par ces mesures l'extrême difficulté de sa position, se met à la merci du premier homme résolu qui, réunissant une force quelconque, osât lever un drapeau qui, séparant le roi de ses ministres, rallierait autour du trône tous les intérêts compromis par le système actuel.

Mais c'est ce que le ministère ne sait pas comprendre, et le comprendrait-il, qu'il ne sortirait point de ses erremens, car de même que dans l'ordre physique un corps tend toujours vers le centre de la terre, et finit par y arriver avec plus ou moins de vitesse, selon qu'il se dégage plus ou moins facilement des objets qui gênent son mouvement, de même dans l'ordre moral, un gouvernement injuste se dirige vers l'abîme dès qu'il se constitue, et il y arrive plus ou moins lentement, selon les appuis qu'il rencontre dans sa marche. Ce qui soutenait principalement le gouvernement espagnol, c'était la force morale et matérielle que lui donnait l'amitié de la France; mais cet appui lui manquant aujourd'hui, il ne voit d'autre ressource que la tyrannie pour retarder sa chûte, et dans ce cas, il aura nécessairement la même fin que le gouvernement de 1819 qui, fondé sur un acte d'injustice et sans autre soutien que les bons sentimens des Espagnols pour leur roi, aliéna au prince ces sentimens dès qu'il voulut recourir à la terreur et à la violence, et tomba à la première manifestation de l'opinion publique.

Telle fut la cause véritable du triomphe des libéraux en 1820, et non la surprise, comme on voudrait le supposer. L'événement par lui-même n'aurait pas suffi pour effectuer un changement aussi radical ; mais l'époque où il eut lieu, et les circonstances qui y concoururent, le rendirent plus que suffisant pour démolir tout l'édifice de l'arbitraire. Si l'on n'eût point proclamé la constitution dans un moment où le peuple désirait ardemment secouer le joug qui l'opprimait, à quoi aurait servi le cri et le soulèvement d'un bataillon aux *Têtes de Saint-Jean*, et comment la nation eût-elle répondu spontanément à ce cri qui ne pouvait faire écho que dans un espace assez limité ? Le roi jura la constitution et abandonna le système du despotisme, parce qu'il ne vit pas une seule voix s'élever pour le soutenir, et il est très-probable que telle fût encore aujourd'hui sa conduite, s'il venait à la pensée de quelque bon Espagnol d'exciter l'opinion publique à se déclarer pour l'exécution du système que S. M. proposa à son départ de Cadix ; système fécond en bienfaits et en utilités de tout genre, qui est l'œuvre seule du roi, et qui démontre combien S. M. était pénétrée des besoins du pays et de tout ce qui peut en assurer la prospérité[7].

La sage nature, pour la conservation des gouvernemens, leur a imposé la loi de la justice, et ceux qui ne reposent point sur cette base n'ont qu'une existence précaire. Autant ceux qui rattachent l'autorité des rois à un principe divin, que ceux qui la fondent sur la volonté des peuples, chacun est d'accord que les rois sont toujours dans l'obligation d'être justes et de ne rien négliger pour le bonheur des nations ; et les dépositaires de leur confiance qui les détourneraient de l'accomplissement de ce devoir sacré, seraient responsables des conséquences terribles qu'il en pourrait résulter.

Tel est le cas des ministres de Ferdinand VII : en ne permettant pas aux citoyens de faire usage de leurs facultés naturelles pour mieux assurer leur conservation et pour améliorer leur bien-être, il empêche la prospérité du pays, et cette nation espagnole, qui renferme en elle-même les élémens de la plus haute prospérité, n'est plus pour ainsi-dire que l'ombre d'elle-même et forme un déplorable contraste avec l'abondance et le contentement des autres peuples, beaucoup moins favorisés de la nature, mais dont un gouvernement sage sait faire le bonheur : ce qui prouve jusqu'à quel point le ministère est coupable des maux présens, et combien il serait urgent de faciliter le développement des facultés et des ressources de la nation. C'est d'autant plus indispensable dans ce moment, que la circulation se trouve amoindrie en Espagne de plus de deux milliards (*), car l'or et les productions que nous recevions d'Amérique, les produits de notre sol qu'on y envoyait et ceux qu'on achetait à l'Étranger pour le même objet, les avantages incalculables qui résultaient de ce commerce, tout cela est perdu pour nous; d'un autre côté, la guerre de l'in-

(*) 500 millions.

dépendance et d'autres événemens politiques ont aussi porté une forte atteinte à la richesse publique; tout cela fait voir aujourd'hui clairement aux Espagnols les entraves qui s'opposaient à l'exercice de leurs facultés, et ils sentent la nécessité d'y remédier par le travail. C'est ainsi que l'homme élevé dans l'opulence et l'oisiveté, dès qu'il se voit privé des moyens de satisfaire ses caprices, commence à sentir le vide de son éducation et s'efforce d'y suppléer par son application et son industrie.

Ceux qui prétendent que ce qui suffisait au peuple espagnol avant 1808 doit lui suffire aujourd'hui, sont dans une étrange erreur. L'homme sent et désire selon ses besoins et les impressions qu'il reçoit; or, ces impressions et ces besoins ont augmenté dans la nation, depuis cette époque, en raison des progrès des lumières, du contact toujours plus fréquent de l'Espagne avec les autres peuples, et des événemens politiques survenus sur son propre sol. Croire que par des mesures de rigueur on détournera l'Espagne du désir de satisfaire à ses nouvelles nécessités, c'est un acte de délire qui pourrait coûter cher à ceux qui sont assez aveugles pour le soutenir, s'il s'élevait une voix quelconque qui révélât au peuple sa puissance et lui fît comprendre avec quelle insolence ses oppresseurs abusent de sa patience et se rient de sa misère. Mais le ministère, qui ne voit qu'avec haine toute disposition quelque peu empreinte de libéralisme, insulte à la nation pour soutenir son système, en publiant avec hypocrisie, par le moyen de ses agens, que le pays n'est en position de recevoir dans ce moment aucune réforme. Mais ces détracteurs ont-ils pris la peine d'expliquer la cause de la perte de la liberté en Espagne, et de dire pourquoi elle n'est pas depuis long-temps reconquise?

La nation espagnole dédaigna les biens que lui offrait l'administration éclairée de Bonaparte, parce que alors elle venait de proclamer son nouveau Roi, en qui elle avait mis ses plus chères espérances, et que d'ailleurs ces offres rappelaient pour nous une humiliante dépendance, qui répugne profondément au caractère espagnol.

En 1814, il est vrai, la nation consentit à ce qu'on abolît le système formé au milieu du cliquetis des armes et des gémissemens des victimes qui se dévouaient pour son indépendance et pour la cause de Ferdinand VII; mais ce fut par l'effet de ses généreux sentimens pour le Roi, et par la confiance qu'elle avait que S. M., appréciant son héroïque dévouement, l'en récompenserait par des institutions libérales et propres à faire son bonheur. Ceux qui connaissent le noble caractère du peuple espagnol, et qui se rappellent avec quel enthousiasme on accueillait alors partout Sa Majesté, comprendront difficilement qu'un peuple si généreux pût vouloir empoisonner, par des agitations et des troubles, la réjouissance publique, et les premiers momens de liberté de celui qu'il venait d'arracher à la captivité, lorsque d'ailleurs on lui promettait solennellement un système représentatif. Ces sentimens étaient aussi ceux de la plus grande partie des citoyens qui aimaient ardemment la constitution, et c'est ce qui fut cause du manque de résolution et d'énergie du gouvernement constitutionnel pour soutenir son système, parce qu'il se trouvait en butte au choc de ces deux sentimens contraires, aussi puissans l'un que l'autre, et se combattant l'un l'autre dans cette circonstance.

Ce ne fut que lorsqu'on eut éteint l'amour qu'on portait au Roi, par les injustices commises en son nom, que les Espagnols ne ressentirent plus au fond de leur cœur d'autre sentiment que le désir de la liberté, et, dès qu'ils entendirent le cri de CONSTITUTION, tous leurs vœux se tournèrent de ce côté, et ils la proclamèrent avec enthousiasme.

La lutte soutenue trois ans par la nation contre une partie des citoyens, la nécessité pour ceux-ci d'implorer le secours d'une armée étrangère, et la probabilité qu'il y avait que, même par ce moyen, ils n'auraient pas atteint leur but, sans les infâmes manœuvres mises en jeu pour obtenir la défection des généraux [8] chargés de défendre la liberté, prouvent évidemment que la grande majorité des Espagnols sait apprécier cette liberté, et la préfère au système despotique qui l'opprime.

Il fallut trois ans au pouvoir absolu, malgré le secours de tous les gouvernemens de l'Europe, du clergé et de tous les citoyens intéressés au maintien des priviléges et des abus, pour renverser le gouvernement constitutionnel, qui eut à peine le temps de se créer de nouveaux intérêts; et la constitution, dans l'espace de deux mois, et à l'appel d'un seul bataillon, détruisit le despotisme et ses profondes racines, qui dataient de plusieurs siècles.

Maintenant, je le demande, quels sont les véritables vœux de la nation? pour quel système montre-t-elle de la sympathie?

Les ministres oseront-ils, ainsi que leurs mercenaires agens, l'insulter encore, en la supposant satisfaite du gouvernement qui la régit au détriment de sa gloire et aux dépens de ses intérêts? Oseront-ils la présenter comme ennemie de sages institutions qui la mettraient à l'abri des inepties et des exigences de l'arbitraire? Pourquoi donc ceux qui se plaisent à la vilipender ainsi, et qui se montrent si confians dans leurs calomnies, ne lui permettent-ils point de manifester librement sa volonté?

Qu'on se rappelle la vivacité d'enthousiasme de la nation pour son Roi en 1808; qu'on se souvienne qu'en 1814, après le renversement de la constitution, on crut déjà nécessaire que, pour son entrée à Madrid, il se fît précéder par l'artillerie et par une grande portion de l'armée; qu'on ajoute à cela qu'en 1820, il se trouva sans appui pour soutenir son gouvernement, et qu'il eut besoin pendant cinq ans de la protection de l'armée française et il sera facile de conclure quel doit être aujourd'hui le degré d'enthousiasme de cette nation pour Ferdinand, et quelle peut être sa sympathie pour le système qui la régit.

Et que le ministère ne croie pas non plus donner du poids à ses calomnies par cette considération que l'Espagne est restée calme depuis le départ des troupes françaises; car la cause de cette inaction, c'est que la masse des hommes éclairés jugeant toute tentative inutile, certains qu'ils étaient d'une nouvelle invasion au moindre symptôme de soulèvement, ils se sont abstenus de seconder les efforts des plus exaltés, et cela, joint au conflit d'intérêts, qui tient en opposition les deux autres partis hostiles au ministère, a dû nécessairement prolonger son existence.

Qu'on ait le soin de remarquer, non pas seulement combien sont faibles les sentimens professés aujourd'hui en Espagne en faveur du Roi, mais encore quelle est la nature de ces sentimens, et l'on verra combien ils sont différens de ceux qu'on avait voués au Monarque en 1808 et en 1814. Ceux qui se manifestent aujourd'hui n'ont de fondement que l'intérêt privé des personnes et des partis, et ceux qui se manifestaient alors, avaient leur source dans un amour pur et sincère pour Ferdinand, sentiment qu'on est parvenu à éteindre par la conduite qu'on a fait suivre à S. M. Qu'on veuille bien considérer les titres de la nation à la reconnaissance de Ferdinand VII, et les justes espérances que lui firent concevoir ses augustes promesses, et l'on jugera quels peuvent être ses sentimens à l'égard du Roi ou pour le système absolu, lorsqu'elle a vu qu'au lieu de répondre à son affection et à ses nobles sacrifices, l'on a tourmenté, persécuté et envoyé à l'échafaud ceux qui ont osé exposer leurs plaintes, ou réclamer l'accomplissement de la parole libre et solennelle qu'ils avaient reçue de leur Roi.

Voilà la position affligeante où le ministère et ceux qui l'entourent ont placé le monarque. Le ministère n'ayant pas permis en son nom la réalisation du plan que j'avais proposé, donne à S. M. l'apparence non-seulement de vouloir tyranniser la nation, mais encore de désirer qu'elle reste pauvre et faible, pour qu'elle ne puisse pas secouer le joug que le gouvernement fait peser sur elle. C'est ainsi qu'il répand la calomnie sur les hommes qui ne veulent que le bonheur de leur patrie, en les présentant comme des tigres qui ont soif de vengeance, et en leur supposant le projet insensé de vouloir imposer des lois au pays, tandis qu'ils ont assez prouvé que tout ce qu'ils désirent, c'est l'accomplissement de la volonté nationale, et que, d'ailleurs, ce sont leurs détracteurs eux-mêmes qui sont cause des tentatives qu'ils ont faites pour rentrer dans leur patrie, dont l'arbitraire et l'injustice lui ferment les portes. Il est, et il a toujours été de l'intérêt du ministère de ne pas souffrir que l'émigration rentre paisiblement en Espagne, et d'entretenir au milieu d'elle, par le moyen de ses agens et de quelques plumes vénales, une exaspération continuelle, afin d'avoir ainsi un prétexte de tromper le roi et les royalistes, à qui ils s'efforcent de persuader que les libéraux n'en veulent qu'à leur vie et aux emplois dont ils sont en possession; il a besoin de menacer la nation du fantôme effrayant d'une révolution sanglante, pour rendre un peu supportable son funeste système. Mais, quand la nation verra la possibilité de renaître au bonheur sans passer par les désastres d'une révolution ; quand les royalistes sauront que les libéraux, loin d'en vouloir à leur vie, ne demandent qu'à se jeter dans leurs bras, pour travailler de concert au bien-être général; quand ceux qui occupent les emplois seront convaincus qu'il n'est pas nécessaire de les en priver pour subvenir aux besoins des émigrés; quand chacun verra que, si, parmi les émigrés, il en est qui ont pris les armes pour les justes motifs que j'ai déjà exprimés, il en est aussi qui n'ont cessé de faire des démarches pour contribuer, sans dommage pour la paix publique, au bonheur de leur patrie, et quand on saura enfin que ceux-ci n'agissaient qu'avec l'appui de la volonté du monarque, quelles peuvent être alors les conséquences de l'indignation qu'excitera une conduite aussi perfide ? Peut-on croire que les royalistes qui s'élancèrent dans l'arène, et qui répandirent leur sang pour rendre au roi le pouvoir absolu, verront sans douleur qu'il ne soit pas libre de faire le bonheur de l'Espagne ? Leurs sentimens patriotiques ne seront-ils point vivement froissés, en voyant le prince à la merçi de ceux qui l'insultaient, et qui cherchaient à le renverser de son trône ? Se croiront-ils payés de leurs sacrifices, en voyant les intérêts publics négligés, et les produits de la sueur du peuple devenir le partage et la richesse d'un petit nombre de favoris et de complaisans du ministère ?

Les ministres qui le croiraient ainsi, leur feraient une véritable insulte. J'ai eu de fréquens rapports avec eux depuis 1814 jusqu'en 1820, je connais leurs sentimens, et je ne leur ferai jamais l'injure de croire que ce soit avec intention qu'ils aient causé la ruine de leur patrie. Ils frémiront d'horreur, en voyant l'abîme de maux où elle a été plongée depuis qu'à l'aide des bayonnettes étrangères on lui a ravi la liberté. Ils rougiront un jour d'avoir terni l'éclat de la glorieuse lutte de six ans, et ils reconnaîtront que si, parmi les libéraux, il y a des taches individuelles, néanmoins toute la sollicitude et tous les vœux de ces généreux citoyens n'ont pour objet que de rendre la patrie heureuse, de la sauver des capricieuses exigences de l'arbitraire, et de mettre un terme à la dilapidation des fonds publics; les royalistes compareront ces résultats, qu'on eût certainement obtenus par le système constitutionnel, avec ceux qu'ont produits les sacrifices qu'ils ont faits pour rétablir le pouvoir absolu, et dès-lors ils prendront conseil de leur patriotisme, pour s'affranchir, comme ils le doivent, de la responsabilité qui pèse sur eux.

De tout ce que je viens d'exposer, il résulte :

1° Que le régime constitutionnel en Espagne dut son origine à la nécessité où se trouvèrent les hommes énergiques qui défendaient la cause de l'honneur national et celle de Ferdinand, d'encourager l'esprit public, pour mieux assurer le soutien de leurs droits; mesure qui produisit bien son effet, puisqu'elle fit prolonger la guerre dont l'heureuse issue amena la délivrance du prince.

2° Que, pour prix de si éminens services, l'on a abreuvé d'humiliations et persécuté de mille manières ceux qui y prirent le plus de part, en les flétrissant par la calomnie, et en interprétant faussement le décret du 2 février 1814.

3° Que la nation, irritée de la non exécution du décret du 4 mai, et lasse des injustices et des actes despotiques du gouvernement, proclama la constitution en 1820.

4° Que les libéraux sont à l'abri de toute responsabilité pour tous les désordres qui ont éclaté ou pour le sang qui a été répandu pendant la durée du régime constitutionnel.

5° Que S. M. rendit le décret du 30 septembre de son libre consentement et avec la résolution sincère de le faire exécuter.

6° Que toutes les persécutions exercées contre les libéraux ont été injustes et bien peu en rapport avec l'admirable générosité dont ils usèrent toujours envers leurs ennemis.

7° Que les ministres ont abusé de la confiance du roi; que, dans toutes leurs mesures, ils n'ont eu en vue que leurs propres intérêts, et qu'en exerçant sur l'esprit du monarque un ascendant tyrannique, ils l'empêchent de faire le bien que son cœur désire.

8° Enfin, que les royalistes n'ont été que le jouet de quelques hommes, qui, égoïstes et lâches au moment du danger, ont eu le secret d'arriver au pouvoir à la faveur de l'intrigue, et que le jour n'est peut-être pas éloigné où ils se verront enfin obligés de faire à leur patrie le bien dont ils l'ont involontairement privée.

Tel est en raccourci le cadre dans lequel peuvent se circonscrire les divers points que j'ai parcourus.

Si je n'avais pas des preuves positives du vif désir qu'avait le roi de faire faire exécuter mon plan, et des obstacles que l'intrigue lui a opposés, en voyant sa fermeté à Séville, à Cadix et en Catalogne, je pourrais croire que c'est bien de sa propre volonté qu'il s'est refusé à mettre en vigueur le décret du 30 septembre, et à faire à la nation le bien qu'elle avait droit d'attendre de son gouvernement. Mais, quand je vois qu'une chose aussi dégagée de tout caractère politique ne lui a pas été permise, bien qu'elle renfermât une foule d'avantages, et qu'elle ne fût préjudiciable qu'à ceux qui ne prospèrent qu'à l'aide du désordre et de la faveur, comment ne pas en induire qu'on l'a empêché de mettre à exécution un décret qui, en plaçant les Espagnols sous l'égide de la loi, leur eût fourni l'occasion de signaler, sans danger pour eux, tous les vices d'une mauvaise administration ?

Ou le roi a voulu priver la nation et se priver lui-même des bienfaits qui étaient attachés à l'accomplissement du décret, ou ce sont ses ministres qui ont réduit S. M. à l'impuissance de le faire exécuter.

Dans le premier cas, Ferdinand VII resterait tel que ses ennemis l'ont représenté pendant la guerre de l'indépendance, et qu'ils le représentent encore aujourd'hui.

Dans le second, les ministres sont responsables de tous les maux de l'Espagne, soit vis-à-vis de la nation, soit envers le roi lui-même, car, par leur conduite, ils sont parvenus à éteindre les sentimens d'affection que le pays avait voués à son prince, et ils le laissent ainsi exposé aux chances du moindre revers, en l'isolant du principal appui qui le fit toujours sortir triomphant des épreuves qu'il eut à traverser.

Le ministère essaiera peut-être de démentir ces faits et de contester l'authenticité des documens que je possède à l'appui, et qui m'autorisent à le regarder comme la seule cause de tous nos malheurs, mais ce ne sera pour moi qu'une nouvelle preuve du peu d'estime qu'il a professé et qu'il professe encore pour la dignité et la personne de S. M.

J'aurais voulu ensevelir au fond de mon cœur toutes ces vérités; je sens combien elles sont amères, et je sais qu'il est à craindre que le ministère ne les présente au roi sous un jour qui me soit peu favorable, mais j'ai la confiance que S. M. se rappellera combien de fois elle m'a entendu calomnier et combien de fois elle m'a vu confondre la calomnie par les faits. Je n'ignore pas que le ministère et tous ceux qui, avec lui, sont le fléau de de l'Espagne, ont besoin de chercher à compromettre le roi pour s'abriter derrière l'autorité de son nom et pour retarder leur ruine. Mais cela même peut entraîner avec la leur celle du monarque, ainsi qu'il est arrivé à Charles X pour avoir écouté ses funestes conseillers.

Cette considération, et surtout le désir d'éviter à l'avenir de nouveaux malheurs à mon pays, m'ont déterminé à rendre publiques les vérités que je viens d'exposer, certain de remplir ainsi un devoir que ma patrie m'impose et d'obéir à l'impulsion des sentimens que j'ai voués à S. M. depuis le jour où j'ai eu quelque part aux affaires publiques. J'étais loin de croire alors, ainsi que tous les Espagnols, que les sacrifices de la nation seraient aussi mal récompensés et qu'on devait ajouter encore aux maux qui l'accablaient déjà. Mes vœux pour le monarque furent exaucés, lorsque nous dûmes aux succès de nos armes la délivrance de S. M. et son rétablissement sur le trône de ses ancêtres; mais les vœux que je n'ai cessé de faire pour ma patrie sont loin d'être remplis. C'est pour cette raison qu'on m'a vu, toutes les fois qu'on a proclamé la liberté, soit avec ceux qui ont applaudi les premiers à son triomphe, soit avec ceux qui ont mis le plus de constance à la défendre, et lorsque, subjuguée par la force des circonstances, elle a succombé, l'on m'a vu faire tous mes efforts pour obtenir du roi qu'il procurât au moins à la nation tout le bien qui me semblait compatible avec les circonstances.

Je crois et j'ai toujours pensé que l'orgueil du peuple espagnol est intéressé à ce que Ferdinand VII démente les calomnies répandues sur son compte, lors de la guerre de l'indépendance, par les partisans de Joseph, et qu'il ne paraisse point ingrat pour les sacrifices dont il a été l'objet. Quand j'ai vu que la conduite du ministère était loin d'amener ce résultat, je me suis décidé à la censurer hautement pour que S. M., pénétrée alors de sa véritable position, s'empressât de répondre aux vœux des bons Espagnols. Or, pour y satisfaire, il suffirait, à mon avis, de mettre en vigueur le décret royal du 30 septembre rendu à Cadix, et les autres dispositions propres à remplir les besoins et les désirs du pays. Ce serait le moyen de concilier les intérêts du clergé, des royalistes, des libéraux et de la plus grande partie des Espagnols; d'étouffer la discorde, de rétablir la confiance, de rouvrir les sources de la richesse publique, de répandre à flots l'abondance, de rendre à tous les cœurs le calme et la joie; et le roi, assis sur un trône qui n'aurait d'autre base que la justice, au lieu des plaintes de la misère et des cris du mécontentement public, n'aurait à entendre que les louanges et les bénédictions de son peuple, et jouirait d'une félicité que n'empoisonneraient ni les craintes ni les dangers qui aujourd'hui l'environnent.

Tels sont mes désirs, mes vœux les plus ardens et le but où ont constamment tendu tous mes efforts.

Je suis avec un profond respect,

MONSEIGNEUR,

De Votre Excellence,

Le très humble et très obéissant serviteur,

V. BERTRAN DE LIS.

Paris, le 27 juillet 1831.

APPENDICE.

Comme cet écrit ne sera probablement pas du goût de tous les Espagnols, et particulièrement de quelques-uns de mes compagnons d'infortune, parce que peut-être ils pensent que l'Espagne n'a pas besoin qu'on lui prescrive telle ou telle règle de conduite, mais qu'on la laisse agir à son gré, tout en la dégageant des obstacles qui l'en empêchent, il me semble opportun de donner quelques explications qui justifient la détermination que j'ai prise de publier ma brochure.

Tous les Espagnols sont unanimes pour désirer le bien-être de leur patrie, mais chacun des partis qui se sont formés dans son sein entendent ce bien-être à leur manière, et cette manière est en général celle qui s'accommode le mieux à leurs intérêts privés.

Le parti auquel appartient l'émigration est, sans contredit, celui dont les intérêts s'identifient le plus avec les intérêts généraux de la nation ; ce qui devrait rallier à lui tous les Espagnols qui veulent franchement le bonheur de leur pays. Or, tôt ou tard ce parti ne peut manquer de triompher.

Mais ce triomphe, mon écrit est-il de nature à le retarder ou à l'avancer? Voilà la question Ce système ou cette opinion, qu'on doit d'abord faire disparaître les obstacles et laissér ensuite la nation libre d'agir à son gré, ne laisse entrevoir qu'un bonheur à venir que rien ne garantit. De mon plan au contraire surgiraient des avantages réels et immédiats, sans aucune espèce de sacrifices, parce qu'il est le plus conforme à l'état actuel de la nation, car, en politique comme en médecine, le système le meilleur est celui qui se régle sur ce qu'exige la nature des choses.

L'homme aime ce qui flatte ses goûts et ce qui se rattache à sa conservation : il abhorre tout ce qui a un effet contraire.

Partant de cette base, lequel des deux systèmes sera le mieux accueilli par la nation?

Nos ennemis se plaisent à l'effrayer, soit en la menaçant des horreurs d'un gouvernement inquisitorial qu'ils supposent être le but des absolutistes exaltés, soit en lui faisant le tableau de la ruine générale de ce qui existe, de l'anarchie et des vengeances qui suivraient, disent-ils, le triomphe des libéraux, et c'est par cet infâme moyen qu'ils réussissent à faire supporter leur odieuse tyrannie.

Mais si l'on ne se résigne à cette tyrannie que parcequ'elle cause moins de maux que ceux qu'on redoute des absolutistes et des libéraux, il est clair qu'en présentant un terme moyen préférable, il ne pourrait manquer de prévaloir ; et d'après ce que la nation souffre pour éviter les prétendus excès de ces partis extrêmes, il est facile de concevoir avec quel enthousiasme elle accueillerait un système qui, conciliant les intérêts de tous, la rendrait heureuse, sans la faire passer par les écueils d'une révolution.

En Espagne à peine y a-t-il un être pensant, y compris le roi, qui ne soit persuadé que le gouvernement actuel ne peut exister long-temps. Il y a plus : la majorité désire son renversement, mais elle n'est pas d'accord sur ce qu'on doit mettre à la place, et c'est ce qui fait que, malgré que l'opinion soit si bien préparée à un changement, il n'ait pas encore eu lieu. La promptitude avec laquelle s'opéra la révolution de 1820 ne fut due qu'à l'unanimité des vœux de tous les Espagnols en faveur du rétablissement de la constitution. Ce rétablissement ne me semble pas convenable aujourd'hui, parce qu'il blesserait l'amour-propre d'une grande partie de la population dans les diverses classes de la société, et par conséquent il est nécessaire de lever une bannière sous laquelle viennent se ranger toutes les volontés. Je crois que le moyen que j'indique remplit parfaitement ce but. Un bon général cherche à attirer l'ennemi sur le terrain qui lui convient, pour se battre avec plus d'avantage. Les fauteurs des abus, connaissant bien cette tactique, rattachent leurs intérêts privés à ceux du trône; ils cherchent à faire croire que de leur conservation dépend l'existence du roi, et ils profitent avec soin de tout acte d'imprudence qui peut entretenir l'irritation parmi les émigrés, pour justifier leurs calomnies. Sachons les imiter, proclamons les intérêts des masses de tous les partis, sans attaquer S. M., et ils auront à abandonner cette position presque imprenable pour défendre leurs intérêts propres; alors, ne pouvant plus se faire un rempart de l'autorité du roi, leurs perfidies et leur égoïsme seront vus au grand jour et il deviendra facile de les vaincre.

Une autre raison, qui n'est pas moins puissante que la première, me fait encore désirer que le roi soit mis à couvert de toute responsabilité pour les maux qui affligent l'Espagne : c'est que le charger de cette responsabilité, c'est supposer qu'un autre roi peut faire le bien, et je pense, moi, que le bien ne peut être produit que par de bonnes lois; car à mes yeux tous les rois sont égaux, comme le sont tous les militaires, tous les prêtres et généralement tous les individus qui forment des corporations, quand on traite des intérêts de ces corporations; c'est un effet nécessaire du principe de conservation qui est inné à tous les hommes, et s'il y a des exceptions, c'est qu'il y a des gens qui, par des circonstances particulières, voient leur conservation personnelle et la satisfaction de leurs sentimens ailleurs que dans ce que prescrit l'intérêt de la corporation à laquelle ils appartiennent.

C'est pour cette raison que j'ai cru devoir démontrer que le gouvernement absolu est mauvais pour le roi et pour tous ses partisans, et que ceux-ci n'ont qu'à gagner à un changement de système, parce que le meilleur moyen de détruire les abus, c'est d'intéresser à leur destruction le plus grand nombre de ceux qu'ils font vivre.

La nation espagnole n'a pas pu passer de l'état où l'avait placée depuis 300 ans un gouvernement inquisitorial à l'état de liberté, sans que les citoyens n'en sentissent le besoin et sans que le roi dût compter sur d'autre appui que sur celui de bonnes lois pour consolider son trône.

C'est ce qui existe dans notre patrie, comme je l'ai déjà prouvé, et pour obtenir d'une telle situation le résultat qu'on en doit attendre, il ne faut que choisir un moyen facile de transition d'un état à l'autre, avec le moins de sacrifices possible, parce que l'homme est naturellement impatient de se voir en possession du bien qu'il a conquis par ses efforts.

Mon système, fidèlement suivi par le roi, remplirait ce but, en ce qu'il lui donnerait la facilité de satisfaire à tous les besoins, et au lieu de dégoûts, de querelles, d'assassinats et de victimes envoyées à l'échafaud, l'union des Espagnols serait comme l'arc-en-ciel qui annoncerait le terme des tourmentes politiques, et le précurseur de la félicité de l'Espagne; les fêtes et les réjouissances se succéderaient et le roi serait le plus heureux des monarques.

Car, que désire l'émigration? le bien-être et la prospérité de la patrie, l'accomplissement du vœu national. Eh bien! ce que je propose est-il contraire à ce but. La nation trouverait-elle dans mon plan des entraves à son bonheur, ou n'y verrait-elle pas plutôt tous les moyens de le réaliser?

Si le Roi fait exécuter ce que je propose, (et je crois qu'il doit le faire) la nation pourra exprimer sa volonté et suffire à tous ses besoins, sans secousse et sans désordres. S'il s'y refuse, il restera prouvé qu'il n'est pas libre, ou que les maux qu'a soufferts et que souffre encore l'Espagne doivent retomber sur lui. Dans le premier cas, les bons Espagnols, sans distinction d'opinion, auront un puissant motif de forcer l'opinion publique à exiger que les personnes qui entourent S. M. fassent place à celles que désignera le vœu de la nation; et si malheureusement Ferdinand se place dans le second cas, quel est l'Espagnol qui, tant soit peu jaloux de ce titre et de la réputation d'homme de bien, puisse se déclarer son partisan? Si dans ce moment où le roi s'est vu attaqué par un homme qu'on juge être d'un rang trop inférieur pour que ses attaques puissent atteindre à la majesté royale, les ministres n'ont trouvé pour sa défense qu'une plume vénale, sans crédit dans aucun parti, quel est donc l'homme honorable qui se constituera son défenseur, lorsqu'il sera évident pour tous que dans la volonté du prince est la source des maux qui ont affligé le pays et qui l'accablent encore, et que de son libre arbitre, il se refuse à répandre sur la nation tout le bien qu'il pourrait lui faire?

Ainsi donc, si je présente au peuple espagnol un écrit dans lequel il voie clairement exposés la véritable cause de ses malheurs, la tyrannie de ceux qui le gouvernent, la faiblesse de ses tyrans et le moyen de s'en défaire et de ramener la prospérité; si, dans cet écrit, je révèle aux gouvernemens étrangers le peu de stabilité du gouvernement de l'Espagne, si j'indique aux créanciers de l'état le secret de mieux consolider leur créance par leur coopération au triomphe du système raisonnable que je propose, afin que nous puissions compter sur eux si leur appui nous devient nécessaire, pour répondre par des bienfaits aux attaques de nos compatriotes; si tout cela n'est qu'un moyen de nous ouvrir plus tôt les portes de notre patrie, et d'unir tous nos efforts pour travailler à son bonheur, je le demande, est-ce là mettre des entraves à la nation pour empêcher l'accomplissement de sa volonté, ou n'est-ce pas plutôt l'aider à la réaliser?

Si ceux qui peuvent me blâmer de défendre le roi, comprennent que cette défense ne consiste qu'à lui ouvrir les yeux sur l'abîme où il se précipite, afin de lui épargner cette chute, et de le déterminer ainsi à faire à la nation le bien que son état réclame, ils ont raison. Je le défends parce que je suis persuadé que c'est un bien pour ma patrie et pour ma cause;

le roi lui-même n'ignore point que c'est cette considération qui me porte à le défendre, et le jour où je serais convaincu du contraire, il aurait en moi un de ses plus mortels ennemis. Mais aujourd'hui j'ai la certitude que, s'il le veut, il peut encore faire le bien de ma patrie, et c'est dès-lors un devoir pour moi de le défendre. D'ailleurs je suis Espagnol, et, tant qu'il est environné des respects de l'Espagne, je me sens dans l'obligation de le respecter moi-même. Qu'on se souvienne que le roi, pour prix des services que je lui avais rendus en contribuant à l'arracher à la captivité, me fit jeter dans les prisons; qu'il ne me rendit la liberté, que dans la pensée que je pouvais lui être encore utile; que je lui fus utile en effet, et que, sans en tenir aucun compte, un de mes fils âgé de dix-neuf ans fut immolé par la main du bourreau; qu'en 1820, si l'on eût tardé quelques jours seulement à proclamer la constitution, un de mes frères, mon fils aîné et moi, nous eussions péri sur l'échafaud; que l'on considère enfin que cette obstination à me retenir dans l'exil, et à ne pas souffrir qu'aucun de mes enfans, ni même mon épouse, malgré le besoin qu'elle avait des bains de Trillo, rentrent en Espagne, explique clairement que tout ce que j'ai fait et ce que je fais encore en faveur du roi, n'a été qu'en vue d'être utile à ma patrie, dont l'intérêt l'emporte dans mon cœur sur toute autre considération. Plusieurs actes de ma vie politique le prouvent assez.

Si les ennemis des rois prenaient la peine d'analyser de quelle manière se forment ou se détruisent les sentimens de l'homme et particulièrement ceux qu'il peut éprouver à l'égard des rois, ils se dispenseraient de les attaquer.

Il est, je crois, convenable de convaincre les rois que ce

n'est pas à eux qu'on en veut, mais seulement aux abus, à la destruction desquels il faut les intéresser, afin qu'ils ne les couvrent pas de leurs noms : c'est le plus sûr moyen de les faire disparaître promptement, et si les rois s'obstinent à les protéger, comme il est dans la nature des choses que les abus n'aient point une éternelle durée, les rois tomberont avec eux, et ce que la société aura perdu pour attendre, elle le regagnera bientôt largement, parce que les rois eux-mêmes auront pris soin de lui apprendre ce qu'elle doit espérer de leur joug.

En Espagne, par exemple, le roi ou ceux qui gouvernent en son nom ne craignent point, pour défendre les abus, de sacrifier le peuple en lui faisant entretenir une armée de 80 ou 100,000 hommes, et peut-être même iront-ils jusqu'à l'engager dans une guerre qui achevera sa ruine; mais cette circonstance même servira à éclairer la nation, qui finira par comprendre que les dépenses qu'on fait pour l'opprimer, seraient bien mieux employées à satisfaire ses besoins, et à réparer les maux que des calamités sans nombre lui ont causés; elle sentira enfin que les soldats qu'on sacrifie, feraient bien mieux de cultiver le sol fertile de la patrie, ou de se livrer dans les ateliers et dans les fabriques à une vie laborieuse mais tranquille auprès de leurs compagnes, en contribuant à augmenter la population, qui est un des signes les plus certains du bonheur et de la prospérité d'une nation. Par là, les Espagnols connaîtront leurs intérêts beaucoup mieux qu'ils ne les ont compris dans les crises diverses par lesquels ils ont passé jusqu'à présent, et tous leurs efforts tendront réellement à reconquérir leur bien-être. Et si même alors le roi persistait à se montrer le protecteur des abus, il tomberait avec eux, parce que la nation ne pourrait plus douter qu'ils ne provinssent du prince, et en calculant tout ce que lui aurait coûté celui qu'elle a maintenant, elle examinerait s'il lui convient de le remplacer ou de s'en passer à l'avenir.

Tel est l'ordre obligé des choses et les conséquences où elles nous conduisent. Ceux qui croient pouvoir les faire aller plus vite que leur impulsion naturelle, au lieu d'arriver plus tôt au but, ne font que le retarder.

Le but ici c'est le bonheur de la société, qui n'a point été formée pour que quelques uns vivent dans les plaisirs et dans l'abondance, au prix des sueurs du plus grand nombre.

Les rois voient malheureusement les objets au travers du prisme que leur mettent devant les yeux ceux qui les entourent, et ils ont besoin d'une grande supériorité de talent, d'une grande fermeté de caractère pour échapper aux funestes effets de la basse adulation qui les environne. Aussi, persuadé que si Ferdinand VII ne se met pas au-dessus de tout ce qui l'entoure et qu'il ne change pas de système, il peut arriver un jour où la nation le jugera sévèrement, j'ai cru de mon devoir de mettre sous ses yeux les élémens du procès que lui ménagent les hommes investis aujourd'hui de sa confiance.

En cela, je le répète, je crois rendre également service au roi et à la nation. Ainsi, je suis convaincu qui si l'on eût agi de même à l'égard de Louis XVI en temps opportun, avec les bons sentimens de ce prince, on aurait évité sa ruine, celle de sa famille et les désastres dont la nation française fut alors le théâtre.

Aussi, serais-je bien aise, si malheureusement il arrivait en Espagne quelque chose de semblable, d'en avoir indiqué ici la cause et les auteurs, pour que nos ennemis n'en chargent point la liberté ou ceux qui la défendent.

Ceux-ci sont les hommes qui voient plus promptement que les autres les maux de la société et les moyens d'y porter remède. Les persécutions qu'exercent contre eux les gouvernemens ne font qu'augmenter leur nombre, parce qu'elles rendent ces maux plus manifestes. Contribuer à les mettre le plus possible en évidence, en ménageant avec soin l'amour-propre des Espagnols honorables afin de les attirer dans les rangs des défenseurs de la liberté, est un des principaux devoirs d'un bon libéral. Je laisse à l'opinion publique de décider si j'ai dignement rempli ma tâche, quand viendra l'heureux jour où nous reverrons notre patrie. Les passions se calmeront alors, toute considération d'intérêt personnel s'effacera devant l'intérêt général, et l'on pourra juger avec impartialité à quels hommes et à quels moyens la nation devra son salut.

NOTES.

1. L'infante Charlotte, reine de Portugal, témoigna aux Cortès de Cadix sa satisfaction pour *la bonne et sage Constitution qu'elles venaient de publier au grand contentement de tous et d'elle-même en particulier.* Le duc de l'Infantado, don Pedro Labrador, le révérend évêque d'Orense, don Pedro Quevedo, le très révérend père Acevedo, vicaire général de l'ordre de Saint-François, le conseil de Castille et autres grands, des prélats, plusieurs corps respectables du royaume, et enfin les principaux monarques de l'Europe, approuvèrent et accueillirent avec enthousiasme la constitution de 1812.

2. Voir les mémoires du maréchal Suchet, traduits en espagnol, tome XV, page 161 et suivantes.

DÉCRET DU 30 SEPTEMBRE 1823.

ESPAGNOLS!

« 3. Le premier soin d'un roi étant de faire le bonheur de ses sujets, et ce bonheur étant incompatible avec l'incertitude sur l'avenir, je m'empresse de calmer les craintes et les inquiétudes que pourraient faire naître le retour du despotisme et la haine d'un parti. Uni avec la nation, j'ai connu comme elle, jusqu'à ce jour, les dangers de la guerre; mais l'impérieuse loi de la nécessité m'oblige à y mettre un terme. Dans des circonstances aussi difficiles, ma puissante voix peut seule faire fuir du royaume les vengeances et les persécutions. Un gouvernement juste et sage peut seul réunir toutes les volontés qui menacent la Péninsule, ses loyaux habitans et tant de dignes étrangers qui y sont réfugiés.

« Décidé donc à faire cesser les désastres de la guerre, j'ai résolu de partir demain; mais, avant de le faire, je veux rendre publics les sentimens de mon cœur, en faisant la déclaration suivante :

« 1° Je déclare de ma libre et spontanée volonté, et je promets, sur la foi de ma parole royale, que s'il fallait absolument modifier les institutions politiques actuelles de la monarchie, j'adopterais un gouvernement qui fasse la félicité de la nation, en garantissant les personnes, les propriétés et la liberté civile des Espagnols.

« 2° Je promets *oubli général, complet et absolu de tout ce qui s'est passé, sans aucune exception*, afin qu'on voie se rétablir parmi les Espagnols la tranquillité, la confiance et l'union si nécessaires pour le bonheur commun, et que désire si ardemment mon cœur paternel.

« 3° Je promets que, quelles que soient les modifications qui peuvent se faire, *les dettes contractées pour la nation par le gouvernement actuel seront reconnues*.

« 4° Je promets aussi que tous les généraux, officiers et sous-officiers de l'armée, qui, jusqu'à présent ont défendu le système, conserveront leurs grades, traitemens et honneurs, de même que les employés civils, militaires et ecclésiastiques. Ceux qui ne pourraient pas être conservés dans leur emploi en recevront la solde.

« 5° Je promets aux miliciens et aux volontaires de Madrid, Séville, etc., qui n'ont plus besoin de rester armés, qu'ils pourront retourner dans leurs foyers ou dans tel autre lieu du royaume qu'il leur plaira, sans crainte d'être molestés pour leur conduite politique ou opinions antérieures, et les miliciens qui auraient besoin de secours pour leur route, en obtiendront comme les troupes réglées. Les Espagnols ci-dessus désignés, ou les étrangers qui voudraient sortir du royaume, le pourront en toute liberté, et obtiendront des passeports pour les lieux qu'ils désigneront.

Cadix, 30 septembre, 1823. »

Signé FERDINAND.

EXTRAIT DU DÉCRET DU 14 MAI 1814.

. . . .

. . . .

« Je vous promets et je vous jure, loyaux et fidèles Espagnols, qu'en même temps que je compâtis aux maux que vous avez soufferts, vous ne serez point trompés dans vos espérances. Votre souverain veut l'être pour vous, il met sa gloire à être le roi d'une nation héroïque, qui, par des exploits immortels, a conquis l'admiration de tous les peuples, et a conservé sa liberté et son honneur. Je déteste, j'abhorre le despotisme; il ne peut se concilier ni avec les lumières ni avec la civilisation de l'Europe. Les rois ne furent jamais despotes en Espagne; ni les lois, ni la constitution de ce royaume n'ont jamais autorisé le despotisme, quoique par malheur on y ait vu quelquefois, comme partout, des abus de pouvoir qu'aucune constitution possible ne pourra jamais empêcher entièrement, parce qu'il y a des abus dans tout ce qui est humain; et s'il y en a eu en Espagne, ce n'est pas la faute de la constitution, c'est celle des personnes et des circonstances.

« Cependant, pour prévenir ces abus autant que peut le faire la prudence humaine en conservant l'honneur de la royauté et ses droits (car elle en a qui lui appartiennent, comme aussi le peuple a les siens qui sont également inviolables), je m'en occuperai avec les députés de l'Espagne et des Indes et dans des cortès légalement assemblées, aussitôt que j'aurai pu les réunir, après avoir rétabli l'ordre et les sages coutumes de la nation, établies de son consentement par les rois nos augustes prédécesseurs! on fixera d'une manière légale et légitime tout ce qui pourra convenir au bien de mes royaumes, afin que mes sujets vivent heureux et tranquilles sous une religion et un gouvernement unis par un lien indissoluble, seules bases du bonheur d'un roi et d'un royaume qui ont, par excellence, le titre de catholiques. On s'occupera ensuite des meilleures mesures à prendre pour la réunion des Cortès, qui, j'espère, affermiront les fondemens de la prospérité de mes sujets de l'un et l'autre hémisphère.

« La liberté, la sureté individuelle seront garanties par des lois qui, en assurant l'ordre et la tranquillité publique, laisseront à tous mes sujets la jouissance d'une sage liberté, qui distingue un gouvernement modéré d'un gouvernement arbitraire et despotique. Tous auront la faculté de communiquer, par la voie de la presse, leurs idées et leurs pensées, en se renfermant dans les bornes que la saine raison prescrit, afin que cette liberté ne dégénère pas en licence. Qu'on ne craigne plus de voir dissiper les fonds de l'État; ce qui me sera assigné pour les dépenses qu'exigeront la représentation de ma personne et de ma famille et celle de la nation que j'ai la gloire de commander, sera distinct et séparé des fonds qui, avec le consentement du peuple, seront assignés pour la conservation de l'État dans toutes les branches de l'administration.

« Les bases que je viens de poser suffisent pour faire connaître mes loyales intentions dans le gouvernement dont je vais me charger. Certes, ce ne sont pas là les intentions d'un despote ni d'un tyran, mais celles d'un roi qui est le père de ses sujets.

. . . .

. . . .

« Jusqu'à ce que l'ordre et ce qui existait avant l'introduction d'institutions nouvelles dans le royaume soit établi, et afin que l'administration de la justice ne soit point interrompue, ma volonté est que les tribunaux et les administrations continuent leurs fonctions jusqu'à l'époque où, après avoir entendu les Cortès que je convoquerai, le gouvernement du royaume soit établi d'une manière stable.

. . . .

. . . .

« Donné à Valence, le 4 mai 1814 ».

MOI LE ROI.

Par le roi, PÉDRO MACANAZ.

DÉCRET DU 1er OCTOBRE 1823.

« Les scandaleux événemens qui précédèrent, accompagnèrent et suivirent l'établissement de la constitution démocratique de Cadix au mois de mars 1820, ont été bien publics et connus de tous mes sujets.

« La plus criminelle trahison, la plus honteuse lâcheté, l'attentat le plus horrible contre ma royale personne, et la violence furent les moyens employés pour changer essentiellement le gouvernement paternel de mon royaume en un code démocratique, source féconde de désastres et de malheurs.

« Mes sujets, accoutumés à vivre sous des lois sages, modérées et conformes à leurs usages et à leurs mœurs, et qui, pendant tant de siècles, ont fait le bonheur de leurs ancêtres, donnèrent bien promptement des preuves publiques et universelles de leur désapprobation et de leur mépris pour le nouveau régime constitutionnel. Toutes les classes de l'État ressentirent le mal causé par les nouvelles institutions.

« Gouvernés tyranniquement en vertu et au nom de la constitution, et épiés dans leur intérieur, il ne leur était pas possible de réclamer l'ordre ni la justice, et ils ne pouvaient pas non plus obéir à des lois établies par la lâcheté et la trahison, soutenues par la violence et qui n'engendraient que le désordre, l'anarchie la plus affligeante et la détresse universelle.

« Le vœu général retentit de toutes parts contre la tyrannique constitution; il retentit pour la cessation d'un code nul dans son origine, illégal dans sa formation, injuste dans son contenu; il retentit enfin pour le soutien de la sainte religion de leurs ancêtres, pour le rétablissement des lois fondamentales et pour la conservation de mes droits légitimes; droits que j'ai reçus de mes ancêtres, et que mes sujets ont jurés solennellement.

« Le cri général de la nation ne fut pas stérile.

« Dans toutes les provinces il se forma des corps armés qui se liguèrent contre les soldats de la constitution; quelquefois vainqueurs, d'autrefois vaincus, ils demeurèrent toujours constans dans la cause de la religion et de la monarchie.

« L'enthousiasme pour la défense d'objets si sacrés ne leur manqua jamais dans les revers de la guerre, et, préférant la mort à la perte de si grands biens, mes sujets firent voir à l'Europe, par leur fidélité et leur constance, que si l'Espagne avait pu nourrir dans son sein quelques hommes dénaturés, fils de la rébellion, la nation entière est religieuse, monarchique et passionnée pour son légitime souverain.

« L'Europe entière, connaissant très-bien ma captivité et celle de toute ma royale famille, la déplorable situation de mes sujets loyaux et fidèles, et les maximes pernicieuses que répandaient de toutes parts les agens

Espagnols, résolut de mettre fin à un état de choses qui était un scandale universel, et qui marchait à la destruction de tous les trônes et de toutes les anciennes institutions, pour les remplacer par l'irréligion et le mépris des mœurs.

« La France, chargée d'une si sainte entreprise, a triomphé en peu de mois des efforts de tous les rebelles du monde réunis, pour le malheur de l'Espagne, sur le sol classique de la fidélité et de la loyauté.

« Mon auguste et bien-aimé cousin le duc d'Angoulême, à la tête d'une vaillante armée, vainqueur dans tous les lieux de ma domination, m'a délivré de l'esclavage dans lequel je gémissais, et m'a rendu à mes sujets constans et fidèles.

« Rétabli sur le trône de Saint-Ferdinand par la main juste et sage du Tout-Puissant, et par les généreuses résolutions de mes nobles alliés, et par l'entreprise hardie de mon cousin le duc d'Angoulême et de sa vaillante armée, désirant porter un remède aux besoins les plus pressans de mes peuples et manifester à tous ma véritable volonté, dans le premier moment où j'ai recouvré ma liberté, j'ai rendu le décret suivant :

« Art. Ier. Sont nuls et de nulle valeur tous les actes du gouvernement appelé constitutionnel (de quelque classe et de quelque espèce qu'ils soient), gouvernement qui a pesé sur mon peuple depuis le 7 mars 1820 jusqu'au 1er octobre 1823, déclarant, comme je déclare, que pendant toute cette époque j'ai été privé de ma liberté, obligé de sanctionner les lois et d'expédier les ordres, décrets et réglemens que méditait et expédiait contre ma volonté le même gouvernement.

« Art. II. J'approuve tout ce qui a été décrété et ordonné par la junte provisoire du gouvernement et par la régence, créées l'une à Oyarzun, le 9 avril, et l'autre le 26 mai de la présente année, jusqu'à ce que, suffisamment instruit des besoins de mes peuples, je puisse donner les lois et prendre les moyens les plus propres à assurer leur véritable prospérité et leur bonheur, objet constant de tous mes désirs.

« Scellé de la main royale. Pont-Sainte-Marie, le 1er octobre 1823.

Contresigné : Le Ministre secrétaire d'État au département de l'Intérieur,

D. Victor SAEZ.

4. Est-ce là un gouvernement? Et ceux qui se conduisent de la

sorte oseront qualifier de factieux ceux qui gouvernaient la nation sous le régime de la constitution! Trouve-t-on dans toute cette époque une circonstance où le roi, voulant faire un pareil bien, en ait été empêché par ses ministres? On dit que le roi n'avait point de liberté, parce qu'on lui ôtait la possibilité de renverser la constitution, parce qu'on s'opposa à son départ de Madrid dans une occasion, et qu'on l'exigea dans une autre, toujours pour éviter que ceux qu'on appelait alors des factieux ne parvinssent à s'emparer de son auguste personne, ou que le roi ne se rangeât lui-même de leur côté, et pour empêcher aussi qu'il ne destituât de leurs emplois ceux qui soutenaient la constitution, ou qu'il n'y admît ceux à qui l'on connaissait l'intention de la détruire; toutes mesures dont bientôt les absolutistes eux-mêmes prirent soin de justifier l'opportunité, en prouvant que le roi avait conspiré avec eux.

Les ministres de l'époque du régime constitutionnel et les personnes qui sont l'objet de ces accusations, ont assez témoigné de la pureté de de leurs intentions, soit par le sang qu'ils ont versé et les dangers qu'ils ont courus; soit par la conduite que beaucoup d'entr'eux ont tenue à l'égard de la personne du roi. Ils ont assez prouvé par là, que tout ce qu'on leur reproche d'avoir fait alors, ne tendait absolument qu'à empêcher S. M. de sortir de la ligne que lui traçait la constitution, et non de lui causer le moindre tort, car si telles eussent été leurs vues, les moyens ne leur auraient pas manqué pour y satisfaire.

Si la masse des libéraux n'eût point pensé ainsi, à quoi auraient servi les efforts que quelques hommes ont pu faire pour défendre le roi? et ceux qui se sont trouvés dans ce cas, à quels rangs appartiennent-ils, aux absolutistes ou aux libéraux?...

Puisqu'on élève des charges contre le parti libéral pour le mal que quelques uns de ceux qui en font partie peuvent avoir occasionné involontairement et par méprise, pourquoi affecte-t-on de cacher le bien qu'on doit à la plupart d'entr'eux? que l'on compare le bien et le mal que chaque parti a fait à sa patrie et au roi, et l'on verra alors de quel côté sont les vrais coupables.

Que l'on considère les entraves que le gouvernement constitutionnel a rencontrées à chaque pas, et les appuis qu'ont toujours eus les absolutistes; qu'on remarque dans quel état ceux-ci tiennent la nation depuis 8 ans qu'ils en dirigent les intérêts, et, tout bien considéré, l'on pourra se faire une idée de la position où les constitutionnels l'auraient placée dans un espace de temps égal, sans les obstacles qu'on leur suscitait, et avec les ressources de leurs adversaires.

Si par l'effet d'une résolution nouvelle, ceux-ci étaient réduits à leur tour à émigrer, se verraient-ils obligés, pour pourvoir à leur subsistance, de se mettre à la merci de la générosité de l'étranger, comme il est arrivé et comme il arrive encore aux anciens ministres et aux autres libéraux que l'on calomnie sans pudeur? Voilà le moyen le plus propre à faire apprécier les bonnes ou mauvaises intentions des gouvernemens constitutionnels. Ils ont pu commettre des erreurs, mais, après en avoir été les premières victimes, ils ont donné toutes les preuves qu'on peut désirer de la bonne foi avec laquelle ils les commirent. Et quel est l'Espagnol qui, ayant pris part aux affaires publiques, puisse se flatter de n'avoir pas fait de fautes? Le temps, devant qui s'évanouissent toutes les préventions, fera connaître un jour si les calamités que les absolutes qui gouvernent aujourd'hui ont répandues et répandent encore sur la patrie, sont nées de l'erreur, ou si elles ne sont pas le produit d'un égoïsme calculé.

5. C'est-à-dire que le ministère a obligé le roi à déclarer par lui-même, que la conduite de ceux qu'il a récompensés aujourd'hui lui a été plus agréable que celle des citoyens qu'il a fait persécuter. Il est bon que cela se sache, pour que, s'il en est effectivement ainsi, toute la nation, et chaque Espagnol en particulier, connaissent bien quelle conduite il y aurait à tenir, si les circonstances venaient encore à replacer Ferdinand dans l'une de ces situations critiques où il s'est déjà trouvé. Puisque le gouvernement ne permet point que les Espagnols lisent et s'éclairent, je crois nécessaire de soumettre certains faits à leur méditation, qui serviront en même temps à faire comprendre à S. M. sous quel point de vue les ministres s'efforcent de le faire paraître; de telle sorte que, n'ignorant point que l'homme repousse et déteste tout ce qui lui est désagréable, le prince puisse se bien pénétrer du résultat qui l'attend si l'on continue à le présenter sous le même aspect.

C'est pour cette raison que je me vois obligé de désigner, comme je le fais dans cet écrit, les personnes dont il y est question; et si ce n'était pour un motif aussi impérieux, je m'en abstiendrais, parce que, sans doute, après tout ce qui s'est passé en Espagne, on regardera comme ridicule de renouveler de vieilles querelles, surtout lorsqu'on voit malheureusement se vérifier les prévisions des partisans de Joseph, relativement au peu de profit que l'Espagne devait retirer de ses sacrifices pour le rétablissement de Ferdinand VII. Ceux qui suivirent la bannière deNapoléon pensèrent qu'il n'y avait qu'une main forte qui pût détruire les abus et effectuer la régénération de l'Espagne; les patriotes crurent qu'ils pourraient arriver à ce résultat, sans rien perdre de leur indépendance et de leur gloire; et l'heureuse issue de la lutte et les bonnes lois qui la suivirent ont justifié cette dernière opinion. Si depuis il n'en a pas été ainsi, ce n'a pas été la faute des libéraux. Du reste, je fais toujours la part des circonstances dans lesquelles les hommes se trouvent, et je suis persuadé que le plus souvent il ne dépend pas de leur volonté d'embrasser en politique tel ou tel parti; raison pour laquelle dans les crises où mon parti a triomphé, je n'ai jamais insulté le parti contraire ni négligé de le protéger autant que cela a pu se concilier avec mes devoirs.

La plus grande partie des employés de ma maison, en 1815 et les années suivantes, ont été de ceux qui eurent le malheur de suivre le parti de Napoléon, et à cette époque, tout comme de 1820 à 1823, je fis servir une partie de ma fortune ainsi que les dispositions favorables du gouvernement à mon égard, à rendre service à quelques personnes de ce parti. Je reconnais qu'il s'y trouve des Espagnols d'un rare mérite; j'y ai même des amis que j'apprécie beaucoup, et dont quelques uns, pour avoir été conséquens à leurs principes, sont aujourd'hui comme moi dans la disgrâce.

J'ai cru devoir donner ces explications, pour qu'on ne pense pas que j'aie l'intention d'incriminer en masse tous ceux qui se sont rangés sous les drapeaux de Joseph. Je n'attaque de ce parti que quelques hommes qui ont tenu dans leurs mains le sort de l'Espagne, et qui, au lieu de contribuer à la rendre heureuse, n'ont usé de leur influence que pour river ses fers et pour s'enrichir.

6. En politique, les persécutions et le sang des victimes qu'on immole, contribuent autant à grandir leur parti que le soc de la charrue, en déchirant le sein de la terre, sert à la rendre plus féconde et plus productive. »

C'est ainsi que s'exprimait en 1816, à l'époque de la mort de Richard,

M. Alcala Galiano, célèbre avocat du barreau de Madrid, et grand royaliste, en présence de quelques personnes de la cour qui l'avaient consulté pour savoir si l'on devait poursuivre un grand nombre de citoyens innocens que Richard avait voulu envelopper dans la conspiration, afin de sauver les véritables conspirateurs. « Examinez, ajouta-t il, les gens qui vont tous les jours voir sa tête, et qui sont long-temps à la contempler; si c'était la tête d'un criminel, ils ne le feraient pas. La voir, la contempler, y penser et s'entretenir de sa mort, tout cela fait naître insensiblement quelque sympathie pour la cause pour laquelle il a péri, et augmente le nombre de ses partisans. »

Si l'on songe à tout ce qui se passa depuis cette époque jusqu'en 1820, l'on reconnaîtra la justesse des paroles de M. Alcala Galiano, et l'on en conclura, peut-être, qu'il n'est pas improbable que ce que je dis maintenant n'ait aussi un jour sa réalité.

7. Le ministère prétend qu'il n'est pas facile qu'on fasse aujourd'hui ce qui arriva en 1820, parce que le gouvernement est plus sur ses garde, le clergé plus attentif, et l'armée mieux payée; mais il ne réfléchit pas que le clergé sait très bien qu'il n'est question que de mettre en vigueur le décret du 30 septembre, que ce décret garantissant les propriétés, les siennes seront ainsi assurées pour toujours, et qu'alors il est à croire qu'il n'hésitera pas à réunir ses efforts à ceux des patriotes pour qu'on ne fasse rien contre ses intérêts; c'est d'autant plus probable, qu'il ne peut pas se dissimuler que si ses biens lui donnent de l'importance et de la force, d'un autre côté ils peuvent lui causer de grands malheurs, en ce qu'ils sont incessamment un objet de convoitise pour les classes de la nation qui ont été appauvries par les bouleversemens politiques, et parce qu'ils peuvent servir de moyen de succès aux révolutionnaires, s'il leur venait dans l'idée d'en abandonner une partie à la discrétion des premiers vingt ou trente mille hommes qui voulussent prendre part à l'insurrection, ou d'en désigner des lots considérables comme devant être l'apanage des premiers chefs de corps qui se prononceraient, ou des autorités et des individus qui entraîneraient les populations à suivre le mouvement.

Le clergé sait mieux que personne à quel point en sont aujourd'hui les scrupules religieux en Espagne, et que pour une personne qui se ferait scrupule de prendre les biens des ecclésiastiques, il y en a mille qui s'en chargeraient sans la moindre crainte des excomunications, attendu que les événemens politiques survenus depuis 1808 ont mis un peu à nu les intrigues secrètes du clergé, et que tout le monde aujourd'hui comprend très bien que ce n'est point dans leurs richesses qu'est la religion, et que les messes et les absolutions des capucins qui ne les possèdent point sont tout aussi efficaces pour tirer les âmes du purgatoire et pour faire pardonner les péchés, que celles des prêtres à grosse fortune.

Le clergé sentira parfaitement tout cela, et cette circonstance que ses membres ont aidé au rétablissement de la constitution en 1820, qu'ils l'ont soutenue et qu'ils ne s'en sont déclarés ennemis que lorsque lès Cortès attaquèrent leurs biens, en a plus appris à la nation que n'auraient pu le faire les écrivains les plus éclairés. Le clergé sera peut-être le premier à abandonner le système actuel pour prendre la position qui lui convient dans les changemens qui se préparent.

Quant à l'armée, le gouvernement est dans une grande erreur. A-t-il oublié par hasard que presque tous les officiers ont des opinions prononcées, que chacun d'eux cherche dans sa tête quel serait le meilleur mode de gouvernement qui conviendrait à la nation, et que, lorsqu'ils verront que celui qu'on proclame concilie tous les intérêts, sans blesser aucun parti, ils s'empresseront de favoriser le mouvement, bien loin de s'y opposer? quoi! en 1820 l'armée d'outre-mer et la garde royale n'étaient-elles pas bien payées? Pourquoi l'une se prononça-t-elle en faveur du mouvement, et pourquoi l'autre ne voulut-elle point faire feu sur le peuple? Parce que c'étaient des Espagnols et qu'ils ne pouvaient pas être insensibles aux maux de la patrie. Et le seront-ils aujourd'hui que ces maux sont plus grands ? Peut-être m'objectera-t-on que l'armée est maintenant mieux disciplinée qu'alors, et qu'elle sait que c'est un crime de se prononcer contre le gouvernement établi qui l'entretient. Mais quel est aujourd'hui le gouvernement établi en Espagne, est-ce le roi ou les ministres? et qui est-ce qui entretient l'armée, est-ce le gouvernement ou la nation? Si c'est le roi qui est le gouvernement, et si c'est la nation qui entretient l'armée, quel crime commettra celle-ci en se prononçant contre un ministère qui les opprime l'un et l'autre, et qui empêche S. M. de faire au pays tout le bien qu'elle voudrait, et qu'elle sait être dans l'obligation de lui faire?

D'ailleurs l'armée comprendra qu'en se prononçant, elle évitera les plus grands malheurs, parce qu'en même temps qu'elle mettrait le roi en position de satisfaire aux besoins de la nation, elle contribuerait à maintenir l'ordre, et l'anarchie ne viendrait point se mêler aux bonnes mesures qu'on voudrait adopter. Ceux qui supposent que les soldats espagnols sont des automates qni ne sentent point les maux de leur patrie, se détromperont un jour à leurs dépens, et verront que la véritable cause de l'inertie apparente de l'armée, c'est qu'elle n'a pas encore trouvé un moyen qui concilie toutes les opinions, et il faut espérer que ce moyen ne tardera pas à se rencontrer.

L'armée ainsi que tous les bons Espagnols, se rappelleront que par une singulière destinée, ou sans doute par un effet de la providence, c'est en faisant tout le contraire de ce qu'a ordonné le roi, dans les divers temps d'épreuves par lesquels on est passé, qu'on l'a le mieux servi en réalité. Ils se souviendront des événemens de 1808, 1820 et 1823, et ils verront que les récompenses royales ont été le partage de ceux qui avaient désobéi au roi, parce qu'il n'avait que ce moyen de sortir de la position difficile où les circonstances l'avaient placé. Ils sentiront s'il est possible de s'imaginer que Ferdinand ne veuille pas que tous les Espagnols aient du pain assuré, et que l'agriculture, l'industrie et le commerce prospèrent; alors il leur sera facile de comprendre que la liberté apparente dont le roi semble jouir, n'est que factice, et qu'en réalité, il est sous le joug d'une faction qui ne lui permet pas de faire aux Espagnols le bien qu'il désire.

8. C'est une des choses qui m'ont le plus embarrassé dans le récit que je viens de faire, parce que j'eusse désiré arriver à mon but sans faire valoir cette circonstance; mais cela m'a été impossible, et quand il est question de rendre à ma patrie la justice qui lui est due, toute autre considération s'efface pour moi devant ce devoir sacré.

Je n'ai jamais attribué la défection des généraux qu'à l'erreur dont ils furent dupes, en croyant aux promesses de leurs ennemis, relativement au système de modération, qu'on devait, disaient-ils, établir, et que ces généraux croyaient devoir être le plus convenable à la nation.

Leurs défenseurs disent : « Quiconque a traversé l'Espagne à cette époque doit avouer, s'il est impartial, que toute la nation se leva en masse contre le système constitutionnel, et que par conséquent elle se mit, le plus qu'elle pût, en hostilité contre ceux qui voulaient le soutenir ».

Ces mêmes généraux savent bien que cela n'est pas vrai, car l'un d'eux, avec l'activité qui le caractérise, organisa un corps d'armée à Madrid, dès que les Français eurent franchi la frontière ; et, tandis qu'ils étaient déjà fort avancés, les communes de cette province envoyaient leurs conscrits à la capitale, sans avoir recours à aucun moyen de rigueur, et cet exemple fut imité dans plusieurs autres parties du royaume.

Je m'abstiens d'entrer dans d'autres détails, certain que je suis que ces généraux sont convaincus de la vérité de ce que j'avance.

— Il n'entre pas dans ma pensée de porter la moindre atteinte à la réputation de qui que ce soit, et voilà pourquoi je dois ajouter, au sujet des reproches faits dans mon écrit aux commissaires du gouvernement espagnol à Londres, que je n'entends nullement y comprendre MM. Loredo et Alzaybar qui, de leur côté, s'acquittèrent de leur mission avec dévouement, et qui, attachés toujours à la cause de la patrie, sont censés émigrés depuis 1823.

LETTRE

ADRESSÉE A SON EXCELLENCE M. LE

MINISTRE DE LA JUSTICE,

EN LUI ENVOYANT UN EXEMPLAIRE DE L'ÉCRIT QUI PRÉCÈDE.

MONSEIGNEUR,

J'ai l'honneur de vous adresser ci-joint un exemplaire de la Représentation que je pris la liberté de vous envoyer le 27 juillet dernier, avec les notes et l'appendice dont j'ai cru devoir l'accompagner en la livrant au public, voulant faire connaître aux Espagnols les obstacles qui ont toujours empêché le roi de faire le bonheur de l'Espagne, objet constant de ses désirs, et aux émigrés les véritables auteurs de leurs infortunes, pour qu'ils ne poursuivent pas de leur haine la personne de Sa Majesté.

Je me flatte que le ministère, appréciant tous les avantages que le roi peut retirer personnellement du plan que je propose, voudra bien le seconder, quoi qu'il en coûte à son amour-propre, en permettant la libre circulation de mon écrit, de même qu'il favorise la publicité de ceux qui ont pour but de détourner de la personne des ministres tout l'odieux que soulèvent les fautes de leur administration.

J'espère que le ministère, qui, pour ce qui le regarde, ne perd point de vue cette vérité que l'homme, dans sa reconnaissance et dans sa haine, ne s'attache qu'à l'objet unique auquel il attribue son bien-être ou ses maux, ne l'oubliera pas pour ce qui concerne S. M.; il se rappellera que, lors de la révolution d'Aranjuez, en 1808, le peuple dirigea sa fureur non contre le monarque, mais contre son favori, qu'il accusait d'être l'auteur de ses souffrances; il se rappellera également que les prétendus défenseurs de l'autel et du trône, lors de leur triomple, tournèrent leur rage contre les pierres de la Constitution, parce qu'elles représentaient l'être moral au nom duquel ils se disaient persécutés, et il considérera que, le roi représentant le despotisme, la haine qui résulte toujours des maux que celui-ci produit, doit nécessairement retomber sur S. M.

Si le ministère réfléchit là-dessus, il ne tardera pas à voir que telle est la véritable cause des insultes qui, dit-on, furent faites au roi, à l'époque de la Constitution, et des outrages auxquels il fut exposé; et, en comparant les calamités que l'oppression fit peser sur l'Espagne jusqu'à 1820, et la haine qu'elles firent naître contre celui qui en fut réputé le fauteur, avec la tyrannie et les misères qui ne cessent d'écraser la nation depuis 1823, il sera facile de calculer à quels excès se porteront la colère et la vengeance du peuple contre l'auteur présumé de ses souffrances, s'il vient une seconde fois secouer le joug.

Cette réflexion conduira les ministres à comprendre que les maux que peuvent engendrer des circonstances semblables ne seront certainement pas l'œuvre de tel ou tel individu, mais bien l'effet naturel de la conduite qu'aura tenue le ministère; dès-lors, ils sentiront combien il est nécessaire pour le roi de mettre en évidence les véritables auteurs de ces maux, et combien il importe que S. M. brise les chaînes qui tiennent la nation esclave, avant que, par ses efforts, celle-ci ne les rompe elle-même.

Je ne puis m'empêcher de prier les ministres de contenir, pour un instant, le sentiment pénible que peut leur causer mon écrit; de méditer sans passion sur ce que je prends la liberté de dire; d'oublier que c'est moi qui parle, et de songer que ceux qui gouvernent voient rarement l'abîme ouvert devant eux, et, pour cette raison, s'y précipitent presque toujours.

Que le ministère n'aille pas croire que je tiens un pareil langage dans la crainte d'une attaque personnelle, car je suis disposé à la repousser de quelque manière qu'elle me vienne.

Dans la question actuelle, ses traits seraient surtout impuissans contre moi : car que pourrait-on imputer à celui qui ne réclame que l'affermissement du trône de Ferdinand VII par des lois modérées, l'entretien de la prospérité publique, le respect des biens du clergé, la circulation parmi le peuple de 150 ou 200 millions de réaux afin de donner à chacun du travail et du pain, et en même temps l'anéantissement de tout esprit de parti et l'oubli absolu des erreurs que nous avons pu commettre les uns et les autres? n'est-ce pas vouloir que l'Espagne passe subitement de la situation déplorable dans laquelle le ministère l'a placée, à l'état le plus calme et le plus florissant que le roi et la nation puissent désirer (1)?

1. Je crois que tels ont été et que tels sont les vœux de Ferdinand, et que s'il ne les a pas réalisés, c'est à cause des craintes que lui inspirent les deux partis. Dans ma pensée, il est du devoir de tout Espagnol, attaché de cœur à sa patrie et bien pénétré de ses véritables intérêts, de chercher à dissiper ces craintes, et d'ôter au roi tout prétexte qui puisse l'empêcher de remplir de pareils vœux.

Je prie tous mes compatriotes, et en particulier les libéraux ainsi que

Si, comme je l'ai déjà dit, je suis personnellement attaqué par le ministère, il trouvera en moi un homme qui avait une existence aisée et tranquille, lorsqu'en 1808, par amour pour son roi et par dévouement pour la dignité nationale, il se présenta dans la carrière politique; un homme qui traversa avec honneur vingt-trois années de vicissitudes inouïes, et rendit des services signalés à son prince et à son pays, sans que l'inviolabilité du respect dû au souverain l'empêchât de concourir de tous ses moyens à procurer à sa patrie des lois pour son bonheur, et sans que les vexations, les persécutions et les dégoûts de toute espèce, qui furent le prix de ses généreux efforts, lui aient fait négliger les égards commandés par le rang du monarque; un homme qui n'a cessé d'utiliser en faveur de son roi l'influence que lui ont acquise ses disgrâces, et qui aujourd'hui encore fait usage de tous les genres de services qu'il a pu rendre, afin d'être encore utile à sa patrie, à son roi, à son parti et à tous les Espagnols, même à ses ennemis, sans céder aucunement au désir de demander dans son propre intérêt la moindre faveur.

Si le ministère m'attaque pour mes entreprises financières avec le gouvernement, il doit bien penser que, prévoyant que je pourrais me voir un jour dans la position où je me trouve, j'y ai toujours mis la plus

mes amis, de considérer que *vouloir*, *pouvoir* et *être utile*, sont choses si différentes, qu'il est bien peu d'actes humains qui soient le résultat de ces trois conditions réunies.

grande loyauté et peut-être trop de désintéressement; aussi, sous le régime de la constitution, j'ai pu dire hautement que j'étais prêt à les céder avec une gratification de 25 mille piastres à quiconque voudrait s'en charger avec les obligations qu'elles m'imposaient (*). Et lorsque j'ai sacrifié le fruit de mes veilles à soutenir la liberté dans ses derniers momens, lorsque j'ai fait servir toute l'influence que me donnait un tel dévouement à consoler le roi et à lui être utile, sans manquer à mes devoirs, je ne puis imaginer qu'un Espagnol, qui se prétend homme de bien, ait l'impudeur de me poursuivre.

J'appelle là-dessus l'attention de V. Exc., persuadé que la plus grande partie des malheurs qui affligent ma patrie, et peut-être même l'humanité tout entière, provient de ce que ceux qui gouvernent s'occupent plus souvent des personnes que des choses; on croit généralement que le mal est dans les hommes; je crois, moi, qu'il est dans les choses. Ainsi, il pourrait bien arriver que V. Exc. et ses collègues, prévenus contre celui qui leur signale l'abîme où ils courent, ne songeassent qu'à satisfaire sur lui leur animosité, et qu'alors ils tombassent plus vîte et avec plus de fracas dans le précipice.

Je ne veux aucun mal aux ministres; je ne désire que le bien de ma patrie, quoiqu'il doive s'opérer par

(*) Voir le *Constitutionnel de Madrid*, du 11 mai 1821.

le moyen de mes ennemis; et quand je dis mes ennemis, ce n'est pas que je sois le leur; je ne poursuis que leurs actes. Ainsi, que leurs œuvres soient détruites, et mon ressentiment s'évanouit. Si vous vous souvenez qu'au retour de Napoléon en France en 1815, je fus chargé des fournitures de l'armée de Catalogne, et qu'en votre qualité de secrétaire d'état au département des colonies, vous fîtes rendre une ordonnance royale qui, me privant injustement du montant de 8,000 quintaux de mercure qu'on m'avait consignés, et évalués alors à raison de 45 piastres le quintal, causa la ruine de mon commerce et les pertes sans nombre qui ont écrasé ma maison; et, si vous vous rappelez que, pendant la révolution, je n'ai pas voulu satisfaire contre vous une vengeance qui m'était si facile, V. Exc. restera convaincue que les faits que j'ai avancés ne sont pas de vaines déclamations.

Les documens qui existent dans les bureaux du ministère sur mon compte et sur mes affaires commerciales, témoignent de la vérité de ces faits et de beaucoup d'autres du même genre encore plus importans, qui prouvent tous avec quelle fermeté j'ai suivi les principes qui m'ont toujours guidé (*) en pareille matière.

(*) En 1818, tandis que je cherchais à réparer toutes ces pertes, M. Garay quitta le ministère et M. Navarrete la trésorerie générale, par les intrigues de D. Antoine Ugarte, qui était chargé de l'achat des vaisseaux en Russie et de l'expédition d'outre-mer; et ce dernier fut cause que le trésorier général, comme directeur de la comptabilité (*del giro*) me fit protester, dans un seul jour, pour neuf millions de lettres

Je sentais bien, lorsque je m'engageai dans les affaires publiques, que je m'embarquais sur une mer orageuse; aussi ai-je considéré mes malheurs comme une conséquence forcée des événemens et de la part que j'y prenais, et non comme l'effet de quelques antipathies personnelles.

Ce principe, auquel j'ai toujours été fidèle, m'a con-

de change qu'il avait acceptées, et qu'on m'avait données en paiement des fournitures que j'avais à ma charge. Ceux qui connaissent ce genre d'affaires, apprécieront quels sacrifices il a fallu pour me soutenir et pour continuer l'entretien des fournitures, de manière à causer le moins de préjudice possible aux personnes qui étaient compromises dans les affaires commerciales de ma maison. Cependant, malgré le dommage qui en résulta pour mes intérêts, et le juste ressentiment que je dus en éprouver, l'on ne peut pas dire que, pendant la révolution, j'aie fait la moindre démarche contre ce M. Ugarte, bien que j'eusse la conviction qu'il avait détourné, à son profit, une partie des fonds destinés aux commissions dont il avait été chargé. Si le ministère me provoque sur ce point, je dirai pourquoi l'on n'exigea pas qu'il rendît ses comptes à cette époque, et l'on connaîtra certains détails qui prouveront de quelle liberté jouissait le Roi à l'égard des libéraux.

La première persécution dont je fus l'objet me fut suscitée par la haine que les autorités de Valence portaient aux patriotes, parce qu'ils les avaient forcées de proclamer Ferdinand VII. Je fus arraché d'auprès de mon épouse qui était à toute extrémité, et jeté dans un horrible cachot. A peine étais-je sous les verroux, que le peuple se déclara contre le capitaine général, qui était le véritable auteur de cet acte tyrannique, et le déposa. Je recouvrai ainsi ma liberté, et, le lendemain de ma délivrance, j'allai le voir et lui offrir mes services.

La seconde fois que je fus persécuté, ce fut à l'occasion du désaccord qui régnait entre la junte centrale et la junte suprême de Valence. M'étant déclaré avec énergie contre le projet de don Joseph Caro, qui voulait faire nommer son frère, le marquis de la Romana, régent du royaume, je fus embarqué, par son ordre, au milieu d'une horrible tempête, avec don Joseph Canga Argüelles et don Pedro Cros, mem-

duit à comprendre que la véritable cause des troubles et des malheurs de l'Espagne, est moins dans les hommes que dans l'état d'ignorance où trois siècles d'un régime inquisitorial ont tenu la nation, et dans les habitudes, qui en ont été, pour les Espagnols comme pour le Roi lui-même, l'inévitable résultat.

Je trouve donc tout aussi injuste d'attribuer les cala-

bres de ladite junte. Un an après cette indigne vexation, Canga Argüelles était ministre des finances, et moi je jouissais d'une grande considération à Cadix, où se trouvait mon persécuteur, le général Caro, en butte au mépris public. Loin de me réjouir de sa disgrâce et de m'en prévaloir, pour me venger, je vins à son secours, en lui donnant ce dont il eut besoin pour subsister et pour retourner dans son pays, que le Gouvernement lui avait assigné pour retraite.

Quant à ma conduite avec le général Elio, voici ce qu'il est bon de faire connaître : Ce général avait demandé avec beaucoup d'instances, au ministre de la guerre, de m'envoyer à Valence pour m'y faire périr, comme étant, disait-il, le moteur de toutes les révolutions. J'étais déjà prisonnier, conduit à cette destination sous bonne escorte, lorsqu'à Antequerra l'on me facilita le moyen de me sauver, ainsi qu'à Malaga, où Riego brisa mes fers. Mais après son départ de ce port, je me présentai moi-même au gouverneur, qui me laissa en liberté sur parole. Malgré l'état d'exaspération où j'étais, et dont cette démarche désespérée peut donner la mesure, et après être arrivé à Valence dans un moment où l'exaltation et l'enthousiasme produits par la proclamation toute récente du système constitutionnel auraient, jusqu'à un certain point, excusé de ma part un acte de vengeance auquel la gravité de l'offense pouvait m'entraîner, j'employai, pour sauver mon persécuteur, toute l'influence dont je jouissais en considération de mes malheurs ; ce qui prouve évidemment jusqu'à quel point j'ai été fidèle aux principes que j'ai déjà cités. Si le général Elio périt plus tard, je n'y ai pas pris la moindre part. La raison, il faut l'espérer, triomphera en Espagne, et l'on saura alors quels furent ceux qui véritablement causèrent sa mort.

mités publiques à ceux que leur patriotisme rend plus impatiens que les autres d'y voir mettre un terme, que de les imputer au Roi, lorsque S. M. n'a fait que céder à l'impulsion naturelle de ces temps d'ignorance.

C'est une vérité d'une haute importance pour le bonheur de la nation, et que le Roi lui-même, d'après la nature des choses, toujours plus puissante que la volonté de l'homme, est intéressé à proclamer le premier; circonstance essentielle, car des vérités de ce genre ne viennent à être connues et leurs principes ne sont mis en pratique, que lorsqu'ls sont en harmonie avec les intérêts de ceux qui gouvernent.

Si le ministère la reconnaît et la proclame, avec elle et les biens qu'elle peut produire, les propositions que j'ai faites étant mises à exécution, il s'élèvera comme un rempart qui protégera le gouvernement et ceux qui lui devront leur bien-être et leur agrandissement, contre les attaques de leurs ennemis; et le ministère passera d'un système à un autre sans s'exposer à des malheurs d'aucune espèce.

Qu'il ne s'effraie point surtout des nouvelles dépenses que ces changemens pourront occasionner, car les frais de traitemens et autres qui se rattachent à l'exécution du décret du 30 septembre, seront couverts par les économies qui se feront d'un autre côté, et qui produiront assez pour payer les intérêts de toute la dette étrangère, pour faire face aux obligations de l'Etat, et pour réaliser tous les travaux que l'état de l'Espagne réclame. Si le Ministère n'adopte point les mesures que je propose, je ne sais où s'arrêteront les malheurs qu'il prépare à la nation, au Roi et à lui-même.

Paris, le 1er octobre 1831.

Je suis avec un profond respect,

MONSEIGNEUR,

De Votre Excellence,

Le très humble et très obéissant serviteur,

V. BERTRAN DE LIS.

www.ingramcontent.com/pod-product-compliance
Ingram Content Group UK Ltd.
Pitfield, Milton Keynes, MK11 3LW, UK
UKHW020326250726
13967UKWH00004B/1887

9 782012 965751